M. Damouriette

MÉMOIRE

DE

M. DUGOMMIER,

Chevalier de Saint-Louis, ancien Officier d'Infanterie, Commandant des Volontaires-Confédérés pendant les troubles de la Martinique.

AVERTISSEMENT.

Dénoncé comme le FLÉAU
DES ANTILLES par le Directoire
de la Martinique, à l'Assemblée de la
Guadeloupe , dont j'étois Membre,
j'ai dû, pour ma justification, manifester les principes qui m'ont dirigé
dans la révolution, & exposer avec
exactitude les circonstances les plus
essentielles où je me suis trouvé.
Comme l'événement du premier Septembre étoit l'effet d'une cause anté-
rieure & très - compliquée, j'ai cru
devoir remonter à une époque plus
ancienne, pour donner un fil qui puisse
conduire, sans égarer, dans le laby-

rinthe des narrations, des mémoires &
des calomnies du Directoire.

MÉMOIRE

MÉMOIRE

DE M. DUGOMMIER,

Chevalier de Saint-Louis, ancien Officier d'Infanterie, Commandant des Volon-taires-confédérés pendant les troubles de la Martinique.

Enfin me voici dans ces murs, d'où mon âge, mes habitudes, & sur-tout mes affaires domestiques sembloient m'éloigner pour toujours. J'y viens chercher un asyle, & déjà l'air que je respire adoucit mes maux, & soulage mon cœur oppressé. J'ai cédé à la rage de mes ennemis; j'ai fui mes foyers; j'ai tout abandonné pour conserver ma liberté, & même mon existence (1).

Sans doute ils voudront justifier leur persécution, ces hommes injustes, & ils ne manqueront

A

point de déchirer ce qui reste en partie à leur dis-position. Flétrir ma réputation, me déshonorer dans l'esprit de ceux qui ne me connoissent pas, seront pour eux un dédommagement de n'avoir pu satisfaire entièrement leur cruelle animosité.

Comment l'ai-je acquise cette animosité? Quel est donc mon crime? Je vais le publier avec franchise & vérité. Les titres précieux qui termineront mon récit font la sanction de ma conduite & le désespoir de la ligue atroce qui, par ses calomnies, m'a ravi l'attachement d'un grand nombre de mes concitoyens. Avant la révolution, je n'avois point d'ennemis, & le ciel ne se couvroit pour moi qu'en se couvrant pour tous les autres. Je partageois mes jours entre un loisir agréable & des travaux utiles, lorsqu'il fallut tout laisser pour entrer dans une carriere pénible, où me plaçoit la confiance de ma Paroisse; elle me nomma Député à l'Assemblée coloniale qui devoit s'occuper de la réforme des abus : cette tâche étoit difficile à remplir & très-épineuse. Favoriser plus que-jamais l'intérêt de la Colonie, sans léser celui de la Métropole; briser les chaînes du citoyen, sans donner de commotion à celles de l'esclave; terrasser le despotisme des gouverneurs, toujours soutenus par leurs créatures ; tels étoient les écueils où il falloit louvoyer avec prudence & fermeté. Tandis que ces nouveaux objets fixoient l'attention de

toutes nos Colonies, ils y donnoient naissance à
divers incidens. La révolution devoit y produire
les mêmes effets que dans les autres parties de
l'Empire François. Par-tout descendre étoit douloureux à ceux qui, depuis si long tems, s'étoient
emparé exclusivement des premiers degrés ; par-
tout il devoit être difficile à cette portion du peuple
qui se voyoit inopinément relevé par la déclaration
des droits de l'homme & par les principes du nouveau régime. il devoit lui être difficile d'exprimer
froidement des sentimens si propres à transporter
quiconque en étoit pénétré. Ainsi l'effervescence
de ceux qui gagnoient à la révolution, & le dépit
des autres apportoient naturellement dans les opinions une différence, source unique de tous les
maux qui ont affligé nos sociétés depuis notre
époque mémorable ; ainsi, dans les Colonies comme
dans les provinces de France, on devoit s'attendre
a des événemens causés par des contradictions qui
les ont rendus plus ou moins fâcheux, selon la force
de résistance. Aucune Colonie n'a été plus agitée
& plus long - tems, que celle de la Martinique.
Témoin oculaire, témoin agissant, je vais rendre
compte des trois circonstances qui m'y ont appelé.

En 1790, à la fin de Février, une insurrection
de la garnison de Saint-Pierre contre les citoyens
porte ces derniers à n'en plus vouloir, & ces
militaires rejoignent leurs corps. Le ressentiment

de la querelle fermente ; ils menacent la ville qui les avoit renvoyés. Elle est aussi-tôt inondée de confédérés de toutes nos isles qui s'empressent de témoigner leur fraternité. Les volontaires de la Basse - Terre - Guadeloupe m'honorent de leur confiance en me prenant pour leur chef, & nous avons bientôt le bonheur de contribuer à une conciliation qui satisfait la ville & me rend à mes fonctions dans notre assemblée de la Guadeloupe. Tandis qu'elle travailloit à la confection de son cahier, la dissention troubloit celle de la Martinique, & provoqua enfin la retraite des membres nécessaires à sa compétence. Cette retraite entraîna la dissolution du corps qui fut néanmoins représenté par un comité intermédiaire méconnu par la plupart des citoyens. Il y eut alors dans la colonie deux partis bien exprimés. Tous les amis de l'égalité, de la liberté, c'est-à-dire, *du droit de consentir la loi*, embrassèrent le parti de la ville de Saint - Pierre qui avoit manifesté avec énergie, son enthousiasme pour la révolution ; ceux du parti opposé révoltés contre l'égalité, résolurent de faire la loi, & d'y soumettre par la force. En conséquence, ils conservèrent au comité intermédiaire les membres les plus capables d'étayer leur systême, & de faire naître les circonstances qui lui seroient favorables. Les villes & bourgs étoient pleins de patriotes ;

(5)

ils répandirent que les villes & bourgs vouloient
dominer les campagnes, et ils tournèrent contre
les patriotes un grand nombre d'habitans qui
avoient le même intérêt dans la révolution.
Ils inspirèrent aux gens de couleur du mépris
pour ceux qui choisissoient leurs chefs, sans consulter la naissance ni la fortune ; enfin ils em-
ployèrent contre le patriotisme tous les moyens
d'une politique adroite & toujours concertée dont
il ne seroit pas difficile de trouver le modèle
ailleurs que dans les colonies. Rien ne pouvoit
mieux assurer leurs succès que d'avoir à leur dis-
position le pouvoir exécutif. Le Général étoit mé-
content de Saint-Pierre qui lui avoit reproché
son dédain pour la cocarde nationale ; ils le flat-
tèrent dans son ressentiment, dans son goût décidé
pour l'ancien régime, & il prouva bientôt sa connivence, lorsqu'il prêta main-forte pour casser
la municipalité du Fort-Royal, où la majorité
des citoyens avoient librement élu un maire qui
leur convenoit par son civisme, & auquel la violence substitua un chevalier de Saint-Louis. Il
falloit aux gens comme il faut un maire décoré!
La ville de Saint-Pierre ne pouvoit être sub-
juguée aussi subitement que celle du Fort-Royal;
elle fut avertie de leurs préparatifs; & se dis-
posant à repousser l'oppression, elle appella à son

secours les volontaires confédérés : voila l'époque de notre seconde marche à la Martinique.

Notre départ de la Guadeloupe fut approuvé par le corps municipal & par notre assemblée coloniale, qui choisirent dans leur sein huit députés pour accompagner le gouverneur décidé à venir avec nous, & pour travailler tous ensemble à une réunion générale (2). Nous trouvâmes au Fort-Royal un comité composé de six à sept membres : deux étoient exclusivement & alternativement président & vice - préfident ; c'étoient les mêmes qui avoient eu l'ascendant de s'établir ainsi dans leur assemblée. Cette oligarchie n'étoit pas le seul vice aristocratique qui nous frappa. Les principes du comité manifestés dans les discussions, les plaintes des citoyens de la ville, la main de fer qui les serroit, tout concouroit à nous convaincre que les patriotes étoient du côté de Saint-Pierre (3). La négociation fut donc très-longue, parce qu'elle heurtoit un systême auquel on ne vouloit pas renoncer (4) ; & après beaucoup de débats, les députés conciliateurs ne purent obtenir du comité qu'une promesse verbale : *qu'il ne se mêleroit pas des affaires de Saint-Pierre.* On crut à ..a parole sans prévoir le 9 de Juin ; & les volontaires retournèrent dans leurs Colonies respectives.

On verra bientôt comment le comité tint sa parole, et que la présence des volontaires n'avoit fait que suspendre ses desseins hostiles contre la ville de Saint - Pierre qu'il avoit résolu de soumettre, pour en imposer plus facilement aux autres quartiers de l'île.

A notre retour à la Basse - Terre, nous reçûmes les plus vives & les plus unanimes félicitations de nos concitoyens. L'Assemblée coloniale étoit alors représentée par son comité général. J'y rendis compte de ma mission, & M. le Président me répondit par le discours suivant :

« BRAVE Citoyen, recevez nos félicitations : » par la conduite sage & patriotique qu'a observée » notre brave Jeunesse ; elle vous donne de nou- » veaux droits à notre estime ».

Voyez le dépôt indiqué ci-après.

Ensuite il dit aux volontaires présens à la séance :

BRAVES Colons, qui honorez la Guadeloupe, vous venez de convaincre une sœur affligée, que vos concitoyens savoient apprécier le titre de frère qui liera à jamais les habitans des Colonies françoises ; vous avez montré à la Martinique la va-

*leur , le zèle & le patriotisme qui sont votre apa-
nage , & vous avez illustré votre patrie , par la
conduite prudente , généreuse & ferme qui vous a
constamment mérité les applaudissemens de tous vos
concitoyens.*

Les volontaires n'étoient donc guidés que par
des sentimens qu'on se faisoit un devoir d'honorer
par - tout ailleurs qu'au comité intermédiaire de
la Martinique qui ne pouvoit vaincre sa repugnance
pour le nouveau régime. Il continua donc à le
modifier à sa convenance , & à préparer tous les
ressorts possibles pour faire triompher son systême ; il ménageoit le pouvoir exécutif, & caressoit
soit le régiment , sur - tout les grenadiers (a)·,
comme la tête qui gouvernoit le corps ; & l'on
avoit le plus grand soin de les entretenir tous
dans l'ignorance de ce qui pouvoit les éclairer sur
la révolution.

Il faisoit adroitement entrevoir aux gens de couleur , qu'ils avoient plus d'intérêt à s'unir aux partisans de l'Assemblée qui seule pouvoit leur accorder
de nouveaux droits. Cependant le décret du 8

(a) Le comité intermédiaire avoit chassé l'Administration
du Roi ; & s'étant emparé de la listribution de ses finances ,
il avoit accordé aux grenadiers une augmentation de
paye.

Mars étoit arrivé ; l'Assemblée s'en fortifia, & se crut autorisée à établir & non à proposer une constitution. Elle alloit à pas de géant, lorsqu'elle reçut les instructions relatives à ce décret. Elle expliqua à son avantage, tout ce qui pouvoit être commenté, interprété : mais elle se trouvoit douloureusement arrêtée par l'article trop clairement prononcé qui *prescrivoit de consulter de nouveau les suffrages des citoyens, pour connoître le vœu de la majorité, sur les assemblées actuellement existantes.* Cet article pouvoit renverser l'assemblée contre laquelle il y avoit eu tant de protestations. Elle redoubla ses efforts pour se soutenir ; aucun moyen ne fut négligé : et parmi ses émissaires, c'étoit à qui se distingueroit dans les paroisses de l'isle pour circonvenir, ou pour obliger les citoyens à lui donner leurs suffrages. Elle n'avoit pas encore réuni la majorité ; elle étoit donc encore paralysée, lorsque le 3 de Juin parut ; il n'y a point de doute que les gens de couleur étoient poussés à quelque action dont on vouloit tirer parti (5). Personne n'ignore celle du 3 de Juin, jour de la Fête de Dieu. Ils eurent avec les blancs une rixe très-chaude qui se termina par une scène d'horreur. Les gens de couleurs eurent le premier tort, d'avoir provoqué & d'avoir tiré le premier coup de fusil qui tua un blanc, & causa dans la ville un mouvement très-critique. La Municipalité

& la Garde Nationale parvenoient à reprimer le désordre , lorsque les matelots d'un bâtiment du Roi, en rade de Saint-Pierre , sont envoyés par leur capitaine au nombre de soixante; ils n'avoient pas oublié que les mulâtres avoient assommé impunément, trois mois auparavant , deux de leurs camarades , ils descendent à terre comme un torrent , & immolent à leur vengeance tous ceux qu'ils rencontrent, & que les citoyens ne peuvent leur arracher.

Ainsi la ville de Saint-Pierre dans cette fatale journée, servit de théâtre au dénouement que l'on méditoit depuis si long - tems contr'elle , afin d'avoir l'occasion d'exterminer ou d'assujettir des citoyens qui n'avoient d'autre crime que l'amour de la liberté & de l'égalité (6).

Arrivée au terme qu'elle attendoit , l'Assemblée coloniale , illégale, incompétente, frappée d'inertie par la loi qui suspendoit son activité jusqu'à ce que la majorité des suffrages fût reconnue par la publication , oubliant encore qu'elle avoit promis à une médiation respectable, *de ne plus se mêler des affaires de Saint - Pierre ;* cette Assemblée requiert impétueusement le pouvoir exécutif qui rassemble aussi - tôt toutes ses armes, & au lieu de seconder par des mesures modérées , les moyens convenables à la circonstance, employés par la

Municipalité de Saint - Pierre, le Général a l'imprudence de conduire une armée de terre & de mer contre une ville que le moindre incident pouvoit livrer au pillage & à la flamme; ils venoient, disoient-ils, pour y rétablir l'ordre; & sous ce manteau respectable, ils couvroient les plus hideuses passions qui puissent diriger des hommes.

Les Généraux de terre & de mer vouloient se venger de quelques particuliers, la plupart des planteurs de leurs créanciers, les mulâtres & le régiment avoient aussi leurs récriminations. L'Assemblée étoit donc assurée d'être bien servie, par cette conjuration générale, dans son animosité contre Saint-Pierre. Ses Habitans ne font aucune résistance, voulant prouver, par leur modération, l'injustice des inculpations odieuses dont on les chargeoit; mais ils sont bientôt victimes de leur confiance. L'Assemblée casse leur Municipalité, réforme sa Garde nationale; & déployant toute la rigueur du plus affreux despotisme, elle fait arrêter & enlever avec violence deux cents citoyens, qui, après avoir éprouvé toutes sortes de souffrances & d'humiliations dans les cales des bâtimens où ils avoient été jetés comme des scélérats insignes, sont, en grande partie, transférés dans les prisons & les casemates du Fort-Royal; enfin on instruit leur procès, ils sont déclarés innocens;

& le Général sollicite leur élargissement (*a*). Le directoire le refuse (*b*), & s'obstine à les embarquer pour France. Le régiment avoit prêté main-forte à leur arrestation dans un tems où il ignoroit les circonstances de la révolution, & sur-tout la fédération civique ordonnée entre les Citoyens & les Militaires. Vivement affectés du malheur de leurs frères auquel ils ont contribué, révoltés contre la dureté qui les accable, ces généreux soldats arborent de leur propre mouvement sur les forts, le drapeau national, & rendent la liberté aux prisonniers (*c*). Le Directoire épouvanté de la suite de cet événement, fuit dans la campagne, où il se retranche avec ses partisans. Le Général abandonne les forts, au lieu d'y rester avec la fermeté nécessaire pour bien conduire cette crise dangereuse. Il se refuse aux prières réitérées des garnisons qui l'invitoient à y rentrer ; & dédaignant l'autorité de

---

(*a*) *Voyez* à la fin du mémoire la lettre du M. Damas & la réponse du directoire.

(*b*) Depuis l'arrivée du décret du 8 Mars concernant les Colonies, le Comité intermédiaire avoit pris la dénonciation du directoire.

(*c*) Ils envoyèrent une députation à la Municipalité pour l'engager à la fédération ; elle se rendoit avec les citoyens, le drapeau national à leur tête, lorsqu'ils furent repoussés par les grenadiers du régiment qui brisèrent le drapeau national.

sa place, autorité qui pouvoit remédier à tout dans une pareille conjoncture, il préfère se soumettre à celle de l'Assemblée dont le despotisme avoit causé le trouble. Cependant les Patriotes, relevés par cette heureuse vicissitude, s'assemblent : quatorze Paroisses sur vingt-sept, nomment respectivement des Commissaires pour aviser au bien général ; ils apprennent que leurs ennemis font (7) par-tout dans les Colonies françoises & étrangères, les provisions nécessaires à une armée ; ils connoissent leur opiniâtreté ; ils se préparent aussi à la guerre pour avoir la paix. Alors ils députent auprès de leurs frères ; & me voilà pour la troisième époque sur le rivage de la Martinique. Nous debarquâmes au nombre de cinq cents hommes de troupes de ligne & de volontaires, partis de la ville Basse - Terre-Guadeloupe, avec le sceau de la loi (a) (8). Plusieurs autres quartiers de cette île & toutes les colonies françoises du Vent contribuèrent comme nous au repos de Saint-Pierre qui nous reçut avec transport. Cette ville n'avoit aucune fortification à l'intérieur par lequel on pouvoit y pénétrer de tous côtés. L'ennemi connu n'étoit pas le seul à craindre. Les Esclaves du dehors & du dedans n'attendoient qu'un signal pour exercer leur fureur en se livrant au pil-

---

(a) Comme aux précédens voyages.

lage ; & les gens de couleur avoient déjà commis les premières hostilités au Fort-Royal (9). Je m'y rendis aussi-tôt. Les Volontaires avoient la double fonction de conciliateurs & d'auxiliaires. Nous remplîmes le premier devoir en manifestant à M. Damas que nous ne portions dans la Colonie que le même desir si souvent & si franchement exprimé par les Commissaires réunis, de voir l'harmonie se rétablir par une mesure convenable à tous, & nous la proposâmes.

Cependant le Gros - Morne (a) établissoit une armée ; nous organisâmes la nôtre, & la Municipalité du Fort-Royal autorisa un détachement à rassembler, dans la campagne, ce qui pouvoit lui être nécessaire, en donnant des reconnoissances aux propriétaires. Sur ces entrefaites, M. Damas avoit répondu à nos propositions auxquelles il desiroit quelques modifications. Nous crûmes d'abord que nos secours avoient amolli sa roideur, puisqu'il paroissoit enfin disposé à quelque accommode-

---

(a) Le *Gros-Morne* étoit le camp de l'Assemblée coloniale & des fauteurs de son despotisme ; ses deux présidens ordinaires & exclusifs, conduisoient tout ; les uns cédoient à leur impulsion, parce qu'elle flattoit leurs passions, les autres se courboient avec pusillanimité sous le joug de leur ascendant ; & M. Damas, qui jouoit dans les négociations, dans les proclamations, le même rôle que le chat avec le singe dans la fable, étoit tantôt avec les uns, tantôt avec les autres.

ment, après l'avoir constamment refusé aux Commissaires ; mais la suite prouvera que nos ennemis vouloient la guerre, & qu'ils nous endormoient par une hypocrisie dont ils retiroient l'avantage de donner à leurs préparatifs toute l'extension possible. Nous attendions le retour des envoyés de M. Damas ; ils tardoient de vingt-quatre heures au terme qui les engageoit, lorsque la générale nous fit courir aux armes ; elle nous avertissoit que notre détachement approvisionneur étoit enveloppé par les Mulâtres. M. Chabrol, Colonel au Régiment de la Martinique, proclamé Général de l'armée blanche patriotique, me donna des forces pour le dégager. Nous eûmes la douleur d'arriver après sa dispersion. Nous ne trouvâmes que trois cadavres mutilés, hachés, à épouvanter les Sauvages les plus feroces. Cet aspect horrible nous fit passer de l'indignation au plus ardent desir de les venger ; mais les tigres s'étoient retirés dans leur repaire, & la nuit nous fit rentrer dans la ville. Nous trouvâmes la garnison décidée à signaler, à l'heure même, sa vengeance. Cette sortie précipitée, nocturne, sans projet fixe, loin de présenter aucun succès, présageoit l'issue la plus défavorable. M. Chabrol me chargea de le prouver à la garnison. Je trouvai d'abord tous les cœurs gros & les esprits exaltés ; mais laissant passer le torrent de leurs ressentimens, je profitai du moment où de sages réflexions pouvoient m'aider ; je les fis naître, & néanmoins je n'obtins que la nuit pour tout délai. La sortie fut donc nécessitée le lendemain pour ne pas compromettre la confiance des chefs & la cause générale. A quatre heures du matin, personne ne manqua au rendez-vous. Quinze cents hommes, soldats & volontaires, composoient l'armée divisée, par le conseil de guerre, en deux colonnes qui devoient marcher ensemble, les vivres & l'artillerie au centre. Le Général donna le commandement de la seconde à M. de Gannes, Capitaine au Régiment de la Martinique, & il me confia la première. Nous partîmes après avoir fait connoître à l'armée la police qui devoit maintenir le bon ordre (10). Les ennemis de Saint-Pierre nous ont fait un grand crime de cette sortie ! N'avoient-ils pas eux-mêmes donné les premiers le funeste exemple de faire marcher une partie des Colons contre l'autre ? Avoient-ils plus de raison d'assiéger S.-Pierre le 3 de Juin ? Avoient-ils, enfin, un droit irrésistible de faire massacrer les Patriotes ? L'Assemblée qui fit mouvoir contre cette ville l'armée de M. Damas, n'avoit point d'autorité constituée. Celle qu'elle exerçoit étoit contestée & établie par la force (11) ; & quand elle auroit été unanimement & librement élue, elle n'avoit encore la sanction ni du Souverain ni du Monarque. Ainsi M. Damas en donnant une activité

vité à l'autorité usurpée de cette Assemblée, à partagé avec elle le forfait de la tyrannie ; & nous pouvons enfin répondre à ces détracteurs, *qu'un pouvoir acquis & conservé par la force, est un pouvoir que la force a le droit de repousser* (a).

L'armée partit donc, & se trouvant à sept heures du matin sur le bord d'une riviere, je proposai au Général de faire une halte. Nous avions les vivres & l'eau sous la main. Il s'y refusa (b), & fit marcher en avant. Il ne tarda pas à ordonner une autre route à la seconde colonne qu'il conduisit vers les Mornes. Ce mouvement qui contrevenoit aux dispositions du conseil de guerre, laissoit à découvert les vivres & l'artillerie. J'ignorois son dessein, & je continuai de suivre l'ordre que j'avois reçu, croyant qu'il ne tarderoit pas à nous rejoindre. J'avois soixante-quinze hommes en avant-garde & quinze hommes sur chaque aîle pour fouiller les taillis qui couvroient à droite & à gauche le chemin où j'étois entré. Tandis que nous surmontions très-lentement toutes les difficultés opposées à notre marche, j'entendis quelques coups de fusil sur ma gauche.

Je présumai qu'on les avoit franchis, lorsque

***

(a) Helvet. section 9, chap. 9, droit de l'homme.

(b) Il fallut combattre, tout le jour, la faim, la soif & l'ennemi.

B

le feu cessa; mais bientôt il recommença sur la queue de ma colonne; & la longeant avec rapidité, il l'attaquoit partout sans laisser voir les mains qui le dirigeoient. Nous ripostions à l'aventure, dirigeant le nôtre sur le sifflemens des balles ennemies. Je demeurai dans cette position critique & douloureuse, attendant toujours des nouvelles du Général, & filant vers le but qu'il m'avoit indiqué, lorsque la fortune guida vers nous un généreux citoyen, témoin de la retraite de la seconde colonne, qui, dès neuf heures du matin, s'étoit repliée dans la ville avec le Général. *Je vous conseille,* me dit-il, *d'en faire autant par la route que je vais vous indiquer ; celle où vous êtes , vous fait tomber dans un gros d'ennemis bien retranchés.*

Ma position dans un chemin tortueux, qui nous masquoit nos propres armes, & couvert de haies très - hautes & très - profondes, dont l'ennemi avoit l'avantage sur nous de connoître le fort & le foible ; la retraite précipitée du Général, son silence absolu, à une si petite distance de moi, tout me décide à la retraite, & nous rentrons, à six heures du soir, épuisés de faim, de soif & de fatigues, avec les drapeaux de nos divers détachemens (*a*). Les blessés susceptibles d'être secourus

(*a*) La seconde colonne, conduite par le Commandant.

l'avoient été; les autres furent massacrés par les ennemis, avec la plupart de ceux que l'imprudence avoit écartés des drapeaux.

On a vu un Chevalier de Saint-Louis, Capitaine de Mulâtres, faire attacher vingt-six prisonniers, donner l'ordre du genou en terre & celui de les fusiller de sens froid, longtems après le combat. Le reste des prisonniers, que la satiété du meurtre avoit épargnés, a gémi dans les fers pendant sept mois, dévoués aux pointes de tous les maux qui peuvent faire préférer à la vie la mort qu'on se faisoit un plaisir de leur refuser (12), & c'étoit l'Assemblée Coloniale, c'étoit le Général Damas

---

général, rentre presqu'aussi - tôt qu'elle est sortie. La mienne est livrée à son sort sans aucun secours. Deux cents hommes en venant protéger les vivres & l'artillerie, suffisoient pour en imposer, jusqu'à ce que je me fusse dépêtré du défilé où un ordre supérieur m'avoit engagé. Je porte donc tout le poids de cette journée. Immédiatement après, je suis dénoncé par le Directoire martinicais comme un ambitieux *qui vouloit conquérir la Colonie ;* il ne dit pas un mot du Général à qui j'étois subordonné. L'Assemblée m'a toujours donné depuis la préférence de ses calomnies. Elle croyoit apparemment que j'étois le Président ou le Vice-Président qui conduisoit le CHEF de notre parti..... Eh bien ! ceux qui l'ignorent apprendront que, peu de tems après, il fut arrêté & emprisonné par notre Conseil général qui le soupçonnoit de TRAHISON.

B 2

& tous les Chefs de Corps qui l'avoient suivi ; c'étoient les nobles, ou ceux qui vouloient passer pour tels, les Commandans de quartier; c'étoit donc le haut parage de la Colonie, qui encourageoit les monstres que l'on voyoit journellement s'exercer à raffiner les tourmens de nos freres, tandis que nous traitions nos prisonniers avec humanité, & que jamais ils ne pourront, avec vérité, nous reprocher aucun fait dont nous ayons à rougir. Leurs Chefs commandoient, provoquoient les atrocités, & lorsque l'effervescence portoit quelques patriotes à l'oubli des principes, leurs frères les y ramenoient aussi-tôt (a).

Pour arrêter, s'il étoit possible, les horreurs

(a) « Il n'y a d'ordinaire nulle comparaison à faire entre
» les crimes des grands qui sont toujours ambitieux & les
» crimes du peuple qui ne veut jamais & qui ne peut vouloir
» que la liberté & l'égalité. Ces deux sentimens, *liberté* &
» *égalité*, ne conduisent point droit à la calomnie, à la ra-
» pine, à l'assassinat, à l'empoisonnement, à la dévasta-
» tion des terres de ses voisins, &c. &c.; mais la GRAN-
» DEUR AMBITIEUSE & la RAGE DU POUVOIR précipitent
» dans tous ces crimes, en tout tems, en tout lieu ».

VOLT. *Quest. sur l'Encyclop. art. Démocrate.*

Lorsqu'on annonça l'approche des forces nationales pour intimider ceux qui auroient pu dévoiler toutes leurs horreurs, ils firent assassiner M. de Châteaugué, ancien Officier des d'une guerre qui s'allumoit avec un caractere aussi féroce, de retour à Saint-Pierre, je propose aux Auxiliaires-Conciliateurs de reprendre la négociation avec M. Damas. Je remets sous leurs yeux le travail (13) interrompu si malheureusement la veille de la sortie, & ils en approuvent les propositions. L'Assemblée & son Général les rejettent, & les devastations continuent. Les propriétés de nos freres sont livrées à la merci des esclaves, des gens de couleur & des blancs qui ont assez de bassesse pour partager avec eux. Tous les colons, soupçonnés de patriotisme, sont poursuivis avec acharnement, les uns forcés d'aller en butte aux plus grossières insultes du Gros-Morne, les autres périssant sous la main de leurs cruels inquisiteurs.

Ceux qui pouvoient échapper à leur rage, se refugioient dans les villes du Fort-Royal & de Saint-Pierre. On travailla donc à les fortifier : cette dernière ville me donna sa confiance, & je m'appli-

---

vaisseaux du Roi, Chevalier de Saint-Louis, l'un des plus riches & des plus vertueux colons de l'île. Ils craignoient sa franchise austère & éloquente qui les avoit gênés si souvent. Il fut sacrifié par cet abominable principe.... « Pour » maintenir la tyrannie, il faut faire mourir les plus puis- » sans & les plus riches, parce que de tels gens se peuvent » soulever contre le tyran ».

Passage de Saint-Thomas d'Aquin.

quai à sa défense ; nous établîmes en peu de tems une ceinture forte de 20 postes correspondans, garnis de plus de 80 bouches à feu, sans compter les pierriers & les obusiers.

Nous avions à cette époque, pour le service de la place & des postes, près de quatre mille hommes, citoyens de la ville, volontaires, militaires du Régiment de la Guadeloupe, du Régiment de la Martinique & du Corps - Royal d'Artillerie. Nous eussions pu aisément doubler, tripler nos forces, & les mettre au niveau de l'armée du Gros - Morne, si nous avions voulu l'imiter & armer les esclaves ; mais jamais notre parti n'en eut seulement la pensée, tandis que nos ennemis embauchoient jusqu'aux nôtres, & les faisoient combattre leurs propres maîtres.

Ils ont couronné depuis cet acte aussi révoltant qu'impolitique, en forçant un propriétaire de notre parti de donner la liberté à son esclave qui les avoit bien servis contre lui (14) ; & le Général Behague & les Commissaires du Roi l'ont approuvé ! Liberté, propriété, droits sacrés de l'homme, dans quelles mains êtes - vous tombés ! Et elles étoient envoyées avec confiance par la nation, pour faire respecter la Loi ! Commissaires du Roi, Général Behague, Assemb ée coloniale de la Martinique, & vous tous qui avez secondé, approuvé l'armement des esclaves contre les maîtres, des noirs contre les blancs, je vous dénonce à mon tour, comme LES FLÉAUX DES ANTILLES. Après la guerre de la Martinique, une foule de gens de couleur & d'esclaves fugitifs sont passés à Saint-Domingue. Pouvez-vous douter qu'ils ne soient à la tête des bataillons qui en ruinent les campagnes, qui en exterminent les propriétaires ? Ils ont appris à la Martinique, à se servir de la torche & du fer! Ils ont appris qu'un blanc est aussi facile à tuer qu'un noir; & votre aveuglement, votre rage de dominer vous ont fait préférer de relâcher le lien politique si nécessaire à vous-mêmes, pour mieux resserrer ceux que vous prépariez à vos frères !

Tandis que les villes du Fort-Royal & de Saint-Pierre se disposoient à repousser vigoureusement leurs ennemis, les Colonies voisines formèrent un projet de médiation. Il y eut de la Guadeloupe une députation très-nombreuse choisie dans tous les Corps représentatifs, civils & militaires. Sainte-Lucie, Marie-Galante & d'autres endroits en firent de même, & la médiation se réunit pour opérer de concert.

Jusqu'alors toute conciliation présentée par les commissaires de notre parti, avoit été repoussée, & les auxiliaires conciliateurs n'avoient pas été plus heureux. On espéra que M. Damas & l'assemblée céderoient enfin à la démarche respectable

(24)

de toutes nos colonies ; chacun se félicitoit déjà de
voir bientôt la paix rétablie : chacun se trompoit.
On fait la paix quand on n'eft que brouillé ; on con-
tinue la guerre quand on soutient un systême. Notre
Archipel vit donc sa médiation échouer devant l'in-
flexibilité raisonnée de l'assemblée martinicaise,
qui, pour toute réponse aux diverses propositions,
faisoit répéter à M. Damas, dans ses incidieuses
proclamations, cet éternel refrein : BRIGRANDS
AUXILIAIRES, RETIREZ-VOUS, SOLDATS RÉVOLTÉS,
RENDEZ-VOUS ET FIEZ-VOUS A MA CLÉMENCE....

. Les auxiliaires restent fidèles à leur serment;
les soldats sont indignés de la CLÉMENCE, & les députés, rebutés, se retirent. Ces députés n'avoient
pas tous les mêmes sentimens ; les uns pensoient
comme nous, & les autres comme nos ennemis.
Patriotes & aristocrates, il faut le dire, c'est aux
Iles, comme en France ; les patriotes alloient franchement au but, & croyoient bonnement gagner
l'assemblée coloniale, par des expositions senti-
mentales, par la grande cause de l'humanité, par
la voix enfin de la raison & de l'équité naturelle,
tandis que leurs collègues, trahiffant la confiance
de leurs commettans, se coalisoient, & bâtissoient,
avec le Gros-Morne, les moyens de faire triompher l'aristocratie dans toutes nos Colonies. Le premier & le plus efficace fut de dévier l'opinion générale ; ils commencèrent à répandre dans leurs

écrits , dans leurs correspondances , que la guerre qu'ils soutenoient étoit une guerre des commerçans contre les planteurs. . .; tandis que le Fort-Royal & S.-Pierre étoient pleins de planteurs réfugiés (a), pour se préserver de leur fureur, tandis que la campagne devoit au commerce plus de vingt-cinq millions, & qu'assurément nous ne combattions pas pour faire payer personne.

Afin de perfectionner leur coalition, ils font voyager des députés; l'un d'eux s'écrie au milieu de l'assemblée de la Guadeloupe : *Planteurs, réunissons-nous , faisons rentrer les citoyens des villes dans la boue d'où nous les avons fait sortir!* Leurs amis, leurs fauteurs soutiennent adroitement cette motion; elle flatte l'esprit de corps , qui tourne aisément contre Saint-Pierre , tous ceux qu'elle peut séduire; ils se hâtent de saisir les premières impressions , pour proposer à l'assemblée le rappel du régiment de la Guadeloupe & des volontaires qui s'étoient confédérés avec lui pour la défense de Saint-Pierre. Tous les membres patriotes se retirent , les autres , malgré l'incompétence , décrètent le rappel , & le gouverneur le sanctionne. Tout étoit dit , & le *Gros-Morne* de la Martinique, & le *Gros-Morne* de la Guadeloupe faisoient retentir leur exultation; ils croyoient,

---

(a) *Voyez l'adresse des planteurs réfugiés au dépôt indiqué.*

par ce coup de maître, avoir balayé les rues de Saint-Pierre, pour y préparer à ses ennemis une entrée triomphale. Le décret de rappel nous arrive; il jette la consternation dans la ville ; les volontaires, avant de recevoir l'adresse des gérents du commerce de France, avoient déjà fait à l'assemblée de la Guadeloupe la réponse suivante :

ADRESSE à l'Assemblée coloniale de la Guadeloupe, en réponse de son arrêté envers les Volontaires de l'Isle-Guadeloupe & Marie-Galante.

MESSIEURS,

C'EST avec autant de surprise que de douleur que nous avons pris connoissance de votre arrêté, qui prononce notre rappel. Nous nous empressons de vous communiquer notre résolution ; nous restons fideles au serment que nous avons fait de ne point abandonner Saint-Pierre, & les habitans patriotes qui s'y sont réfugiés, jusqu'à ce qu'une paix solide les rassure contre les brigands qui les menacent. Nous sommes journellement témoins des atrocités qu'ils commettent sur ceux qui tombent entre leurs mains, & notre retraite exposeroit infailliblement au même sort les citoyens que nous aidons à se défendre. Serons - nous donc rébelles à la nation , pour fermer les portes d'une ville si précieuse à son commerce , au pillage des nègres , des Mulâtres , & aux scélérats qui les commanderoient dans une pareille expédition ? Serons-nous rébelles à la loi , en nous opposant à ceux qui l'ont méprisée. La loi ordonne que les assemblées soient librement élues ; lisez les lettres ci-incluses de MM. de Damas & de Soter , au préfident , & à son directoire , vous verrez que l'assemblée , qui sollicite auprès de vous notre rappel , est non-seulement illégale , puisqu'elle a été constituée par la force , mais de plus oppressive , tyrannique , en condamnant arbitrairement des citoyens qui avoient été reconnus innocens ; sommes-nous enfin rébelles au Restaurateur de la Liberté Françoise , en la conservant à nos frères opprimés.

Non , Messieurs , vous avez trop précipitamment prononcé votre décret ; nous aimons à croire que , mieux instruits des choses & des circonstances , vous nous féliciterez d'y avoir résisté. Que l'armée du Gros-Morne veuille de bonne foi la paix , à des conditions qui satisfassent les deux partis ; jusqu'à ce que l'assemblée nationale prononce sur leurs différens , & vous nous verrez voler pour porter près de vous l'énergie que nous donne la régénération ; nous vous jurons de verser notre sang pour soutenir les nouveaux droits du citoyen François ; si cela vous convient , nous sommes à vous jusqu'au dernier soupir.

A Saint-Pierre , ce 12 *Décembre* 1790.

Signé les Volontaires Confédérés.

En même-tems que nous rassurions les citoyens de la ville par cette réponse , nous satisfaisions au defir des capitaines & géreurs du commerce de France , qui nous disoient....

ADRESSE des Géreurs & Capitaines du Commerce de France , aux Volontaires-confédérés & au Régiment de la Guade-loupe , employés à la défense de cette ville.

BRAVES AUXILIAIRES,

Dans un moment où nous avons le plus grand besoin d'une protection qui assure les intérêts de nos armateurs & du commerce de France dans la ville de Saint-Pierre , nous apprenons avec la plus vive inquiétude, que l'Assemblée Coloniale de la

Guadeloupe n'attend qu'une réponse à leur députation vers M. Damas, pour prendre un parti.
Déjà la terreur se répand ici, sur les suites fâcheuses qu'il peut entraîner. Les Nègres, les mulâtres & les ennemis de Saint - Pierre n'attendent qu'un départ, qui puisse favoriser leurs
desseins, sur les personnes & les propriétés de cette
ville ; nous réclamons donc, au nom du Commerce
de France, votre patriotisme, pour continuer
vos soins à la défense d'une cité qui lui est si précieuse, & dans laquelle sont versés des fonds considérables, appartenans à toutes nos places maritimes. La nation vous remerciera de votre généreuse résolution : vous aurez d'avance droit
à sa reconnoissance. Puisse la nôtre faire assez
d'impression sur vos esprits, pour vous décider
entièrement à rester parmi nous avec sécurité !

A Saint-Pierre Martinique, le 16 Décembre 1790.

*Suivent les signatures de tous les Géreurs & Capitaines du Commerce ; l'original est au dépôt
indiqué.*

Les Officiers du Régiment de la Guadeloupe
obéirent au Décret de rappel, sans considérer qu'il
partoit d'une assemblée incompétente, & qu'il
étoit le fruit d'une connivence coupable avec ceux

qu'ils étoient venus combattre dès le commence-
ment des troubles.

Les soldats & tous les sous-officiers, citoyens autant que militaires, crurent que l'obéiffance aveugle
ne devoit être accordée qu'à la discipline & à la
marche contre l'ennemi étranger, mais que dans
toutes les circonstances où elle expoferoit les propriétés, la liberté, la vie de leurs concitoyens,
elle devenoit un CRIME. Ils répondirent donc aux
agens du commerce national & aux habitans de
Saint - Pierre qu'ils n'abandonneroient pas la ville
sans la voir à l'abri de tout danger ; qu'ils en
avoient fait le serment avant d'y entrer, & que
la mort seule pouvoit le délier.

Cependant les villes du Fort - Royal & de
Saint - Pierre étoient de plus en plus resserrées.
Les postes des ennemis se multiplioient chaque
jour, par la facilité qu'ils avoient de recruter
dans les atteliers ; d'un autre côté, la Station
royale dont les chefs étoient parfaitement d'accord
avec le Gros - Morne, coupoit aussi la communication par mer entre les deux villes, & le commerce national souffroit autant que nous. Ses
agens ne vendoient pas ou n'étoient point payés :
ils n'osoient se répandre dans les campagnes où
leur vie étoit en danger (15). Ils députent vers le
Commandant de la Station pour l'inviter à une médiation entre les deux partis, & lui rappeler son

devoir de protéger le commerce de la nation. Le Commandant renvoye les députés à coups de canons (16), & ne tarde point à les poursuivre jusques dans leurs magasins, en leur députant à son tour un officier portant l'ordre de vider la rade sous vingt-quatre heures, parce qu'il alloit venir avec M. Damas porter le fer & le feu dans Saint-Pierre. La réponse ferme & généreuse de ces braves marins, l'énergie & la bonne contenance des citoyens & de leurs défenseurs suspendirent, sans doute, un projet atroce contre cette ville infortunée. Des menaces si clairement exprimées & si souvent réitérées, nous inspirèrent toutes les idées possibles pour nous bien défendre.

On envoya de nouveau dans les colonies voisines solliciter des secours, en présentant le tableau intéressant de notre situation. Tabago avoit reçu depuis peu trois cens hommes de la Sarre. Notre députation leur parla publiquement à la connoissance du Gouverneur & de leurs Officiers. Quatre-vingt de ces braves militaires patriotes suivirent notre drapeau national, & vinrent partager notre sort : leurs Officiers & leurs camarades se rangèrent sous les couleurs de l'Assemblée coloniale & de M. Damas, qui de leur côté employoient tous les moyens pour nous réduire. Ils bombardoient le Fort - Royal, & veilloient de si près la communication, que la ville & les garnisons furent exposées à la plus cruelle famine. Ils préparoient en même tems, contre Saint – Pierre une armée qu'ils desiroient rendre aussi formidable que nombreuse. En conséquence ils amorçoient les équipages de la Station par l'espoir du pillage, après le sac de cette ville : ils échauffoient le même desir dans les gens de couleurs & les esclaves armés, en leur présentant de plus le plaisir de la vengeance contre les blancs. Pour exalter davantage les esclaves, ils les avoient distribués en différentes compagnies sous la dénomination de Malthais (a). Ces nouveaux Chevaliers étoient sous la discipline & le commandement du Général FAYANCE, négre esclave échappé au dernier supplice dans la semaine où il alloit être exécuté. Ils le parèrent d'un uniforme, d'épaulettes & de l'extérieur qui suffit pour rendre respectable aux yeux d'une troupe brute & grossière : il réunissoit toutes les qualités du cœur & de l'esprit nécessaires à SES FONCTIONS ; *il passoit pour sorcier dans l'esprit des négres, & pour grand scélérat dans celui des blancs.*

Nous étions donc enveloppés de furieux, qui n'attendoient que le moment favorable à leurs desseins ; & sans nos fréquentes sorties, dont les

____

(a) Ils portoient une croix de Malte à leurs bonnets.

fuccès leur faisoient connoître l'ennemi qu'ils avoient à combattre, il n'est pas douteux que Saint-Pierre eût été attaqué long-tems avant l'arrivée des forces nationales : vers cette époque, honteux de la résistance du Fort - Bourbon & du Fort-Royal, dont les intrépides garnisons avoient bravé les bombes & la famine, & qui venoient d'être approvisionnées, malgré le blocus rigoureux de la station, l'Assemblée & son Général fe décidèrent à porter leur vengeance sur la ville de Saint-Pierre. Elle en reçut l'avis de toutes parts, & fur-tout par les menaces de ses ennemis. Après fept mois d'une guerre aussi pénible, nous avions perdu par la mort & par les retraites, plus d'un tiers de nos forces. Loin de se décourager, chacun cherchoit à fe surpasser. Pendant trois semaines, tous les hommes en état de porter les armes passèrent au bivac les nuits dans les postes, & ne prenoient que le plus leger repos, pour voler aux travaux du jour.

Jamais le patriotisme ne parut avec plus d'éclat; jamais l'amour de la Liberté n'ira au-delà de nos efforts. Les pièces de trente-six, les mortiers étoient transportés sur les mornes avec une célérité qui étonnoit ceux mêmes qui les avoient traînés. Le fameux refrein *ça ira*, nous valoit mille cabestans; la gaieté que ce chant répandoit dans les camps & dans la ville, fem-

C

bloit annoncer bien plus une fête qu'un siège; & c'étoit après sept mois de fatigues & de combats que l'armée de Saint-Pierre montroit cette allégresse , & c'étoit après des sacrifices de toute espèce (a) que les vertueux citoyens de cette ville, hommes & femmes avoient encore la sublime générosité de partager l'allégresse de l'armée. Non , jamais aucune ville Françoise ne l'emportera sur Saint-Pierre , en patriotisme , & je souhaite que l'armée des émigrans en trouve beaucoup de pareilles sur nos frontières.

Ce sont pourtant ces François, ces vrais François que leurs ennemis ont accusé dans leurs écrits & dans leurs papiers publics , d'avoir voulu livrer la Colonie aux Anglois; ils disent qu'ils ont la lettre écrite à ce sujet au Général Mathéus ! Qu'il la produisent , qu'ils envoient à l'Assemblée Nationale & au Roi les pièces originales , inculpant nos frères , qu'ils usent de représailles à cet égard ; car nous avons fatigué nos rapporteurs de preuves qu'ils nous ont fournies eux - mêmes & qui les confondent. Qu'ils viennent dans le cercle de nos juges , & qu'ils s'expriment avec autant de hardiesse que notre conscience nous en inspire, au

____

(a) Chaque maison logeoit, & nourrissoit à la table du maître un certain nombre de militaires & de volontaires.

lieu de jeter comme ils ont fait & comme ils font encore, quelques traits anonymes dans les Journaux & dans les Gazettes. En attendant, je préfente au public la véritable lettre écrite à M. Mathéus, Généralde la Grenade, par le Conseil de ville de Saint-Pierre ; & je donne ma tête pour caution de son authenticité, ainsi que de la vérité de toutes les pièces que je cite.

LETTRE à M. MATHÉUS*, le* 25 *Septembre* 1790.

VOTRE excellence n'a sans doute pas ignoré les troubles qui, depuis un an, ont agité cette malheu‑ reuse Colonie. Ils sont tels en ce moment, qu'ils intéressent toutes les îles, & que nous croyons de‑ voir vous en instruire, afin que vous puissiez pré‑ venir dans celle dont Sa Majesté Britannique vous a confié le Commandant, les malheurs dont M. Damas vient de donner le signal dans celle-ci.

D'après la révolution qui s'est oppérée dans toute l'étendue de l'Empire François, la plus grande & la plus saine partie des Habitans de la Marti‑ nique réclamoit l'exécution des loix décrétées par l'Assemblée nationale, spécialement de celle du 8 Mars, qui autorise les Iles Françoises à former elles-mêmes leur constitution, & faire toutes pétitions que peuvent comporter les localités, lorsque certains particuliers de cette Colonie, sous le titre *de Planteurs*, se sont érigés en arbitres de la majorité qu'ils ont voulu sacrifier à leur égoïsme, à leur intérêt personnel.

Déjà ces particuliers s'étoient arrogé un empire absolu sur tout le reste de la Colonie; &, pour parvenir plus facilement à leur but, ils avoient répandu la terreur dans la ville de Saint-Pierre, en faisant emprisonner un très-grand nombre de Citoyens auxquels ils ne pouvoient imputer d'autre crime que leur attachement à la révolution. Déjà ces malheureuses victimes alloient être immolées, quand les troupes, révoltées des excès en tout genre commis par cette prétendue Assemblée coloniale, se sont emparé des principales forteresses, & ont exigé la liberté des Citoyens détenus.

Cette démarche qui auroit dû rappeler les membres de cette Assemblée aux vrais principes de la régénération françoise, a produit un effet tout différent de celui que l'on avoit droit d'en attendre. Abandonnant la ville du Fort-Royal, lieu ordinaire de leurs séances, ils se sont retirés au Gros-Morne, où ils ont été suivis de près par M. Damas, homme foible, & qui se prête à toutes les impulsions qu'il leur plaît de lui donner.

Là ils se sont formé un camp où ils se sont retranchés avec les ennemis de la révolution en trop petit nombre pour s'y soutenir; ils ont appelé les gens de couleur, ils ont armé leurs esclaves ; ils ne se sont pas bornés à commettre des hostilités à l'égard d'une infinité d'honnêtes habitans ; ils ont encore exercé, envers eux, les cruautés les plus inouies.

De notre côté, nous avons appelé à notre secours les colonies voisines, & depuis qu'elles se sont rendues à nos prières & à nos vœux, nous avons, mais inutilement, employé toutes les voies de la conciliation.

Les bornes d'une lettre ne nous permettant pas de faire à votre Excellence le détail de toutes les atrocités auxquelles s'abandonne cet attroupement monstrueux de blancs, de mulâtres & d'esclaves ; ce que nous pouvons en dire, c'est que les citoyens qui ont le malheur de tomber en leurs mains, sont livrés à des tourmens, à des cruautés qui font frémir l'humanité, & qui auroient attiré à ces bandits l'indignation de toutes les Nations policées.

Cependant nous avons l'honneur d'observer à votre Excellence que nos ennemis, pour venir à bout des desseins incendiaires qu'ils ont formés contre cette Colonie, ont fait une députation au Gouverneur de la Dominique, pour lui demander des munitions de guerre que ce vertueux Général leur a refusées.

S'ils faisoient à votre Excellence de semblables demandes, nous nous flattons que vous ne favoriserez pas leurs abominables projets ; & que pesant dans votre sagesse les malheurs dont nous sommes menacés, vous ne souffrirez même pas que personne dans l'île que vous commandez, fournisse à ces malheureux les moyens de nous égorger par nos négres.

Notre cause est la vôtre ; c'est celle de toutes les Colonies. Votre Excellence sentira comme nous, combien il est intéressant pour l'humanité, pour toutes les puissances qui ont des possessions dans cet Archipel, d'arrêter les effets d'une pareille contagion.

Nous sommes, &c. &c.

C'est au Public à présent à juger ceux qui l'ont écrite, & ceux qui l'ont calomniée. Certes, ils étoient calomniés ces dignes Citoyens, lorsqu'on les représentoit plus Anglois que François, dans le tems même où ils faisoient à M. Damas l'adreſſe suivante (a) :

(a) C'étoit à l'époque où l'Espagne a pensé entraîner la France dans une guerre avec l'Angleterre : une escadre angloise étoit rendu à la Barbade.

ADRESSE *patriotique à M. Damas.*

MONSIEUR LE GÉNÉRAL,

LES Citoyens de Saint-Pierre & les Auxiliaires qui veillent à sa défense s'empressent de vous témoigner les inquiétudes que leur donnent les nouvelles extérieures. Des forces étrangères s'assemblent & menacent les Colonies Françoises. Le grand intérêt de la mère - patrie est le seul qui doive nous occuper dans une pareille circonstance ; ce sentiment est gravé dans nos cœurs, & jamais nos intérêts particuliers n'y prévaudront. Nous vous invitons donc, Monsieur le Général, au nom de la Nation à suspendre de part & d'autre tout acte d'hostilité, à renvoyer pardevant son Assemblée la discussion de nos différens, & à nous entendre de bonne foi & de concert pour la conservation de nos Colonies. Nous nous disons tous patriotes ! eh bien ! prouvons-le par ce généreux effort qui élève l'homme au-dessus de lui-même, & lui fait sacrifier ce qu'il a de plus cher à l'avantage de sa patrie ! Alors un arrangement qui puisse obtenir la confiance réciproque, vous donnera la facilité d'exécuter tout ce que vous croirez convenable à la défense de cette île ; alors les auxiliaires retourneront dans leurs garnisons respectives , & les nouveaux Citoyens François manifesteront par-tout à l'ennemi l'énergie que leur donne la régénération , & si tous les Colons en sont pénétrés, ils seront invincibles.

A Saint-Pierre Martinique, le 8 Décembre 1790.

Suivent les signatures de tous les Chefs de Districts , des Auxiliaires & des Troupes de Ligne.

Telle étoit la politique de l'Assemblée Coloniale, d'accuser les patriotes de ses propres faits, pour mieux les ruiner dans l'opinion publique. Elle veut dominer les villes ; elle répand que les villes veulent dominer les campagnes ; tandis qu'en 1787 elle avoit elle - même rejeté tout le poids de l'imposition sur les villes. Ce fut son premier acte hostile contre Saint-Pierre, & ce fut aussi le premier levain qui causa les fermentations ultérieures.

L'Assemblée Coloniale a provoqué le pillage, le meurtre , les grandes dévastations , pour en imposer par la terreur , & elle les reproche à ceux qui s'y sont opposés.

Elle avoit ouvert dès les premiers jours (*a*) de Septembre , toutes les portes au commerce

---

(a) *Voyez au dépôt les pièces relatives.*

étranger. Pour le protéger, elle avoit armé des corsaires, & c'étoit Saint-Pierre qui anéantissoit le commerce de France, lorsque ses Commissaires, réunis à ceux des autres paroisses, armèrent deux Gardes-Côtes pour suppléer à la station partie pour France.

La ville de Saint-Pierre avoit fait un réglement sage sur les vivres (*a*). On n'en laissoit sortir qu'avec précaution, pour ne pas exposer notre armée à la disette ; l'Assemblée Coloniale publia dans les Colonies voisines, que Saint-Pierre vouloit détruire par la famine les habitans de la campagne, & elle faisoit exécuter, au même moment, un décret (*b*) qui repoussoit tous les vivres achetés à Saint-Pierre (*c*).

Après avoir proscrit l'habit national, après avoir maltraité des Bourdelois, parce qu'ils étoient patriotes, l'Assemblée & ses fauteurs prirent hardiment le nom & l'uniforme des patriotes, pour mieux séduire les équipages de la nouvelle station, à qui

---

(*a*) *Voyez au même dépôt.*

(*b*) *Voyez le dépôt.*

(*c*) Un jeune homme désarmé, comptant sur la neutralité de son opinion, faisoit porter dans une pirogue deux boucauds de morue sur l'habitation dont il étoit le géreur ; il fut arrêté au Prêcheur, assassiné avec le Patron de la pirogue, & la morue partagée entre les nègres & les blancs qui les commandoient. *Voyez le procés-verbal au dépôt.*

ils nous présentèrent comme des cruels aristo-crates ; ils firent disparoître avec soin, de concert avec les Officiers de marine, ceux qui découvrirent leur fourbe (a).

(a) *Voyez au dépôt différentes déclarations, parmi lesquelles l'extrait suivant est le plus détaillé. Il est dans la déclaration de M.* Dominique Mabire, *prisonnier au Gros-Morne.*

.... Qu'un jour, on conduisit dans leur prison deux hommes, dont l'un étoit chirurgien à bord de la frégate l'*Embuscade* ou du vaisseau *la Ferme*, qu'on nommoit *Pelletier*, & l'autre étoit un sergent du détachement de Normandie ; qu'on les amena tous deux attachés comme ils l'avoient été ; que le nom du militaire ne peut pas lui revenir, quoique cependant il ait vu, comme tous les autres prisonniers, sa cartouche patriotique de Morlaix en Bretagne, où il avoit passé son sémestre & fait service dans la garde nationale de ladite ville ; que le lendemain de l'arrivée de ces deux infortunés, le sieur Calabre, frère du Grand Prévôt, les fir sortir du ceps fort précipitamment, & les fit conduire il ne sait où : mais que peu d'heures après parut un grand nombre de personnes, comme officiers, sergens d'infanterie, ayant habit blanc & revers noirs, & des marins dont la plupart avoient des pistolets à leur ceinture, & qu'ils furent insultés par quelqu'un d'eux, en leur apprenant qu'ils étoient députés du vaisseau la Ferme & de la frégate l'*Embuscade* ; qu'un de ces marins avec lequel le sieur Comparant s'entretenoit, lui dit être de Coutances, & un autre lui dit être d'Honfleurs, ce der-

Ils apostèrent, près des rivières, des gens de couleur, pour tirer sur les Matelots qui y lavoient leur linge, & ils en accusoient les BRIGANDS de Saint-Pierre, malgré l'éloignement des lieux.

L'Assemblée Coloniale & son Général reprochoient sans cesse, au parti de Saint-Pierre, d'entretenir la révolte des soldats, en leur prodiguant l'or, tandis que la Ville étoit souvent embarrassée pour faire le prêt de l'armée, tandis que l'Assemblée elle-même dissipoit des sommes immenses envoyées de France pour les besoins de l'Etat.

Un seul envoi est entré à sa destination, à Saint-Pierre, siège de l'administration royale, & la somme est restée entière pendant plus d'un mois, par une délibération unanime des Citoyens qui vouloient la représenter aux Commissaires du Roi, annoncés, & elle n'a été entamée qu'à la dernière nécessité, pour le prêt des troupes & leurs vivres. Le reste a été remis aux Commissaires.

Enfin, je le répète, veut-on connoître leurs torts ? Qu'on les charge de ceux qu'ils nous donnent, & nous dirons le reste ; car ils en ont dont la plupart rougissent, & les autres n'oseroient en parler. Les trames secrettes, les crimes cachés

---

nier ayant un pistolet à son côté ; que tout le monde s'est enfin retiré, & que l'on n'a plus eu de connoissance des deux infortunés (du chirurgien & du militaire).

seront bientôt révélés , dans un historique plus suivi & plus détaillé que n'a pu le permettre ce Mémoire. La peinture vraie , effrayante qu'il retrace, armera tous les amis de la constitutioncontre ceux qui la menacent dans cet empire.

Ses ennemis sont de la même trempe que ceux que nous avons combattus à la Martinique. Si jamais ils ont le dessus, tortures, supplices , massacres, rien ne pourra les assouvir que l'extermination du dernier patriote. C'étoit aussi le vœu de M. Damas & de son assemblée, sans l'arrivée des Commissaires du Roi & des forces nationales. Tout étoit disposé , comme je l'ai déjà dit , pour la consommation de ce noir projet. Faut-il que les amis de la liberté & de l'égalité soient dans le cas aujourd'hui de regretter un événement où la victoire pouvoit leur conserver les droits précieux pour lesquels ils avoient déjà épuisé si constamment leur sang & leur fortune. Le Général Béhague , qui commandoit les forces , ce Général si bien choisi pour une contre-révolution, qu'il croyoit indubitable & qu'il attend encore, s'adhéra comme de raison à M. Damas & à l'Assemblée Coloniale. Il répoussa nos premières députations qui lui portoient l'hommage & les félicitations de notre armée. C'étoit pour avoir le tems d'insulter aux braves militaires qui la composoient, & leur donner, dans sa première proclamation, l'épithete si usitée dans celle de M. Damas. Ils étoient donc aussi pour M. Béhague DES SOLDATS RÉVOLTÉS ! . . . . Ils ne l'étoient pas plus que tous les militaires citoyens, qui depuis le premier jour de la liberté, ont refusé leur confiance à des chefs ennemis de la révolution ; ils ne l'étoient pas plus que ceux qui ont renversé la Bastille ; ils ne l'étoient pas plus, enfin, que les armées qui vont attaquer les Damas & les assemblées de Coblentz. Non, Général Béhague, une insurrection n'est point une révolte.... *Une insurrection est toujours un acte légitime. C'est l'exercice du premier des droits, & sans doute le plus saint des devoirs : c'est le soulevement d'un peuple contre l'autorité illégitime.*

L'autorité de l'Assemblée Coloniale étoit illégitime. Elle avoit été établie par la force. Je l'ai prouvée par les lettres de M. Soter, & les protestations de plusieurs assemblées primaires. Le système de cette assemblée étoit oppressif, en voici la preuve dans la réponse du Directoire à M. Damas, cause immédiate de l'insurrection du premier Septembre.

LETTRE de M. DAMAS au Président du Directoire, du 24 Août 1790.

MONSIEUR LE PRÉSIDENT,

JE vois avec beaucoup de peine approcher le mo-

ment de mettre à exécution l'Arrêté de l'Assemblée coloniale du 8 Août relativement à l'expulsion des personnes détenues pour la malheureuse affaire de Saint - Pierre du 3 Juin, contre lesquelles il ne se trouve aucune preuve juridique. J'aperçois des inconvéniens considérables à l'exécution rigoureuse de cet Arrêté, tant à cause des fausses interprétations qu'on peut donner aux motifs qui ont déterminé l'Assemblée, qu'à cause des suites qui peuvent en resulter.

Il paroît en effet contraire aux regles de la justice de chasser des gens d'un pays, sans jugement légal : une pareille mesure ne peut s ans doute être justifiée que par la nécessité impérieuse de pourvoir au salut de la Colonie. Je prie le directoire d'examiner bien attentivement si cette nécessité existe encore dans ce moment dans toute sa force. Je l'invite à user d'indulgence, du moins en diminuant, autant qu'il sera possible, le nombre des gens à faire passer en France ; il y en a parmi eux qui ont femme et enfans. Je desire vivement qu'il puisse être apporté des adoucissemens à la rigueur de l'Arrêté en question, & je connois trop bien l'humanité de MM. du directoire, pour douter qu'ils ne soient pas portés d'eux-mêmes à entrer, autant que cela sera conciliable avec la tranquillité de la Colonie, dans les vues qui ont dicté cette lettre.

J'ai l'honneur d'être, &c.

Signé *DAMAS*.

Réponse du Directoire à M. Damas, du 31 Août 1790.

Le directoire repond à M. Damas qu'il ne peut toucher à ce que l'Assemblée a fait le 8 Août.

Le 8 Août, un Arrêté de l'Assemblée détermine que les prisonniers contre lesquels il n'y a point de preuves juridiques seront expulsés de la colonie & envoyés en France, en conséquence, bâtiment freté.

Les principes de l'Assemblée étoient inconstitutionnels, & elle les fondoit sur l'initiative accordée aux Colonies par le Souverain, de pouvoir exprimer leur vœu sur une constitution convenable à leurs localités : mais ne falloit-il pas que ce vœu représentât l'expression de la volonté générale ? Ne falloit-il pas que cette constitution coloniale portât sur les bases sacrées de la liberté & de l'égalité pour tous les Citoyens François de notre Archipel ? Ne falloit-il pas, de plus, qu'elle fût discutée par le Souverain, & acceptée par le Prince, avant d'y soumettre ceux à qui elle ne convenoit point & qui la rejetoient. Les événemens ultérieurs les ont bien justifiés d'avoir voulu étouffer un pareil monstre, dont le delire, soutenu par des furieux, a bouleversé nos Colonies. N'étoit-ce pas une monstruosité d'assujettir des Citoyens à des loix qui n'avoient pas encore le caractère respectable de la véritable sanction ? N'étoit-ce pas un délire criminel, d'armer les esclaves contre leurs maîtres, pour les enchaîner ? Et n'étoit-ce pas, enfin, une vertu de résister à ces factieux ? Cependant M. Behague, envoyé par la Nation pour tenir entre les partis la plus juste balance, pour rétablir l'ordre & la paix, par la confiance commune, dès qu'il arrive, s'unit à nos ennemis plus rapidement que l'aiman avec le fer. A peine a-t-il communiqué, qu'il se trouve dans son élément, & qu'ils se concilient ensemble pour chasser des Colonies les amis de la liberté & de l'égalité. Ce Général consigne aussi-tôt rigoureusement les troupes sur les vaisseaux qui les ont portées. Il n'en fait descendre qu'un très-petit nombre choisi sur la totalité dont il craignoit le patriotisme.

Il humilie les braves garnisons du Fort-Royal & du Fort-Bourbon, par la manière dont elles sont relevées.

Il humilie par son accueil nos vertueux Commissaires. Dans la proclamation qu'il rédige avec les Commissaires du Roi (*a*), pour renvoyer les

______

(*a*) Nous avons vu dans le décret de l'Assemblée na-
volontaires

volontaires confédérés, sans les entendre , sans prendre aucune connoissance des motifs & de la legalite de leur conduite ; il leur reproche d'être venu fomenter la dissention entre les partis. Malgré le ton dur & partial qu'ils prêtent à la loi qui nous ordonnoit de nous retirer dans nos Colonies respectives , nous nous hâtons d'y obéir. Tous les citoyens de la ville , tous les planteurs refugiés , hommes, femmes & enfans , nous accompagnent sur le rivage. Leurs sentimens sont partagés entre la reconnoissance & la crainte ; ils sont encore assiégés de toutes parts , & nous les laissons sans être remplacés par une force nouvelle. Au moment de notre embarquement , le bruit des canons rappelle nos services ; ces généreux frères ne voyent plus que nous ; ils sont tout entier à la reconnoissance. Les exclamations fraternelles & tendres , le murmure confus de

tionale , que M. Behagues seroit soumis à la réquisition des Commissaires civils envoyés pour faire respecter la loi. Cette disposition nous avoit tranquillisés : elle étoit constitutionnelle; & nous étions fondés à en attendre les meilleurs effets. Comment s'est - il donc fait que le sieur Behagues est devenu le Général des Commissaires comme de l'armée...? Les Commissaires ont été choisis par les Ministres, & le Ministre a fait leurs instructions. Voilà le mot de l'énigme : cependant le ministre étoit responsable. .

D

toutes les expressions, les mains de tous levées pour nous embrasser, ou pour intéresser le ciel en notre faveur, des larmes sur tous les visages, qui pourra donc rendre les scènes touchantes & delicieuses du tableau mémorable de notre séparation (a) !

(a) *Adieu de M. Dugommier aux Citoyens de Saint-Pierre & aux Patriotes réfugiés dans cette ville.*

La loi l'ordonne, je pars. Recevez le témoignage du plus vif regret. Vous m'avez accoutumé à chérir mon séjour parmi vous, à ne point séparer mon existence de la vôtre; & j'essayerois en vain de vous exprimer combien me coûte le sacrifice de mes sentimens à l'obéissance que tout bon citoyen doit à une loi légitime : elle me console néanmoins, en vous promettant dès-à-présent protection & sûreté. Reposez-vous donc entièrement sur elle, puisque vous avez combattu pour l'obtenir; & donnez la plus entière confiance aux ministres que la Nation & le Roi ont choisis pour son exécution. Ils verront avec une surprise honorable pour vous, que pendant plus de six mois d'une guerre opiniâtre, où la plus grande partie des militaires étoit abandonnée des officiers, où la confiance en ceux qui conduisoient la chose publique, étoit si souvent ébranlée par les circonstances difficiles, vous avez la gloire de remettre entre leurs mains le dépôt de la régénération ; vous aurez encore celle de leur dire : « les propriétés de ceux qui nous ont abandonnés pour renforcer l'armée de nos ennemis,

Arrivés à la Guadeloupe , nous eûmes le bonheur de nous trouver encore dans une ville patriote, & cette ville étoit la nôtre ; partout nos amis
s'empressent de nous féliciter de notre retour ; leur
accueil tendre & sincère , étoit bien capable de nous
consoler de toutes nos peines.

Une Municipalité bien organisée , ayant
toute la confiance du peuple , maintenoit
le bon ordre , malgré les menées de l'aristocratie , qui auroit bien voulu trouver l'occasion de l'inculper pour la renverser (*a*). Retiré dans mes foyers , je me flattois d'y trouver
le repos que j'avois sacrifié à la révolution , il
n'y étoit plus ; mon absence avoit tout changé
contre moi. Surpris de l'orage qui me menaçoit
dans mon propre pays , dont je n'étois sorti qu'a-

---

sont entières dans nos murs. Ces murs souvent
menacés par eux, ont encore conservé la vie aux prisonniers que nous avons faits , & ils n'ont jamais été
souillés par le sang d'aucun d'ceux qui se plaisoient
à faire couler le nôtre sous le couteau de nos esclaves ».
Les Commissaires du Roi le répéteront à la France étonnée,
& justice enfin sera rendue au bon esprit qui vous di-
rige , & aux sentimens de vos défenseurs.

(*a*) Désespérant d'avoir prise sur elle par elle-même,
ses ennemis y sont descendus depuis mon départ , & ils
ont exécuté par la force, ce que jamais ils n'auroient obtenu de la loi. *Voyez* les mémoires de la Basse-Terre-
Guadeloupe.

vec un grand nombre de mes concitoyens , dont nous n'étions sortis qu'avec l'approbation du corps représentatif , & de la municipalité , je me repliois dans ma conscience , & j'examinois ma conduite ; elle avoit beau me rassurer. Que peut l'innocence devant des juges prévenus , devant des juges qui veulent trouver coupable ? ils ne m'en auroient pas moins immolé à leur fureur : je me décidai donc à leur épargner un crime ; je partis pour la France.

Cependant M. Behagues , développant chaque jour son projet , ouvroit aux ennemis les portes des villes, après en avoir retiré tous les moyens de résistance , traitoit indignement les patriotes , justifioit quiconque les maltraitoit ; & pour mieux les dévouer à l'humiliation la plus passive, il les désarma , donna leurs armes aux gens de couleur : & deux commissaires du roi adresserent à nos ennemis un éloge pompeux qui leur promettoit des récompenses au nom de la nation (a).

Alors nos malheureux frères retombés dans l'abyme du plus cruel despotisme , tournent un dernier regard vers l'assemblée nationale. Leur seul espoir est qu'elle réprimera la félonie du pouvoir ministériel , & ils députent auprès

---

(1) *Voyez* au Dépôt , les discours des Commissaires.

(53)

d'elle , monsieur Crassous de Medeuil , citoyen
vertueux , dont les talens supérieurs , l'ardent &
vrai patriotisme , ont soutenu pendant la guerre
avec les autres Commissaires de notre parti , le zele
& le courage des amis de la révolution. Ils le députent auprès du Souverain pour *lui* porter leurs do-
léances & leurs réclamations ; ils apprennent que
je suis aussi forcé de passer les mers , & ils cou-
ronnent tous les sentimens que je leur ai voués ,
par la confiance avec laquelle ils me font son ad-
joint. Nous voici sur les lieux ; nous voici au milieu
du sanctuaire dont nos ennemis craignent d'approcher ; & nous, comme au milieu de notre famille ,
nous dirons hautement , en ouvrant le Code sublime de la Constitution Françoise : LA LIBERTÉ , LA
SURETÉ , LES PROPRIÉTÉS de nos freres ont été atta-
quées , ET ILS ONT RÉSISTÉ A L'OPPRESSION.

NUL HOMME NE PEUT ÊTRE ACCUSÉ , ARRÊTÉ
NI DÉTÉNU QUE DANS LES CAS DÉTERMINÉS PAR LA
LOI, ET SELON LES FORMES QU'ELLE A PRESCRITES.
CEUX QUI SOLLICITENT, EXPÉDIENT, EXÉCUTENT OU
FONT EXÉCUTER DES ORDRES ARBITRAIRES DOI-
VENT ÊTRE PUNIS.... Non , nous ne venons point ici
solliciter l'exécution de cette Loi : la générosité est le
vrai type du patriotisme. Nous demandons que ceux
qui *exécutent ou font exécuter des ordres arbitraires*
soient privés de l'autorité dont ils ont abusé. Nous
demandons que les malheureuses victimes de leur

D 3

oppression soient dédommagées par des mesures convenables aux circonstances ; nous demandons sur-tout qu'il soit établi promptement dans nos malheureuses contrées, un nouveau mode de gouvernement inaccessible à toutes sortes de despotisme, & que la liberté soit aussi assurée au citoyen françois dans la Zône Torride, que dans les autres parties de l'Empire.

MA PROFESSION DE FOI.

DÉNONCÉ aussi publiquement & aussi injurieusement que je l'ai été par le Directoire de la Martinique, j'ai dû à ma réputation d'établir dans l'opinion générale un contre-poids à leurs injustes accusations; je n'ai pas cru en trouver de plus convenable qu'une Profession de foi où seroient manifestés mes sentimens.

J'AI vécu cinquante ans sous le despotisme. Militaire à quatorze ans, je n'ai fait que passer d'une férule à une autre. J'ai donc connu de bonne heure la morgue & l'injustice de ceux qui commandent; j'ai trop souvent gémi d'avoir vu le caprice & la faveur l'emporter sur les ordonnances & l'équité. Réformé, j'ai été rendu à l'état civil. J'ai cru alors pouvoir respirer librement dans mes foyers ; mais ils étoient en Amérique, & j'ai retrouvé tous les abus qui m'avoient révolté sous l'uniforme. Devenu *bourgeois*, j'étois isolé, sans autre protection que celle de la loi, & cette loi étoit presque toujours muette quand je la réclamois. J'ai dévoré cent fois un juste ressentiment; j'ai partagé avec des millions de concitoyens la vive douleur de voir la plus grande portion du genre humain avilie par l'opinion de quelques êtres que les préjugés seuls élevoient au-dessus des autres, sacrifiés à l'asservissement & à une dégradation convenue. J'ai eu toute ma vie un pareil système en horreur. Pendant cinquante ans, je n'ai pu que soupirer. Un moment inespéré, un moment plus heureux a tout changé; la révolution nous a régénérés, & l'homme enfin est rétabli dans toute sa dignité. Qui peut avec raison me faire un crime de mon enthousiasme pour un nouvel ordre de choses selon mon cœur? qui peut, sans crime, me reprocher de combattre pour le soutenir, quand il est applaudi par ma nation & par mon roi ? Oui, j'approuve l'*égalité* ; j'idolâtre la liberté, & je déteste l'oppression. Appelé pour y résister, je volerai au bout de l'univers ; c'est aujourd'hui la plus belle fonction du citoyen françois. Quels étoient les opprimés à la Martinique, où j'ai porté mon foible secours ? N'étoit-ce pas les citoyens de St Pierre arrachés de leur asyle, plongés dans des cachots flottans, loin de la terre & de l'air, & détenus pendant trois mois contre toute justice, malgré la réclamation connue de leur général ? N'étoit-ce pas une ville entière privée de tous les droits que lui donne la révolution, & menacée de sa ruine par une armée de nègres & de mulâtres ? (Je rougis de nommer leurs auxiliaires) N'étoit-ce pas enfin les citoyens planteurs réfugiés dans les forts, pour se soustraire à la tyrannie de ceux qui vouloient contraindre par la force, leur opinion, & vaincre leur refus de contribuer à l'établissement d'une nouvelle domination qui ravaloit les citoyens des villes & bourgs, & même ceux de la campagne que la fortune n'a point favorisés. Oui, je le jure, je le jure; je dévoue le reste de ma vie à la liberté, à l'égalité & à la justice. Tous les hommes, sous ces rapports, ont droit à mon existence ; ils sont tous mes frères, je les respecte & les chéris tous ; ma seule ambition est de leur être utile. Par-tout où je verrai l'oppression, DE QUELQUE CÔTÉ QU'ELLE VIENNE, je me mêlerai aux braves gens qui voudront y résister. Si quelqu'un me prête d'autres vues, il me calomnie, & je le plains; car il est injuste. Eussé-je encore à remplir une carrière aussi longue que celle qui est derrière moi, je la remplirois des preuves du sentiment qui me transporte. Le ressort qui me pousse ne m'est point étranger ; je l'ai trouvé dans mon cœur; il y étoit comprimé; la révolution le dégage, & je mourrai patriote.

NOTES.

LES pièces originales où j'ai puisé les notes & les extraits suivans, ont été déposées en partie chez le Notaire indiqué ci-après, & le reste est encore entre les mains du Rapporteur nommé par le Comité colonial, pour faire connoître à l'Assemblée nationale la véritable cause & les effets des troubles de la Martinique. Ceux qui veulent toujours douter ne les consulteront sûrement pas : leur parti est pris ; mais les amis de l'impartialité & de la justice seront à même de les réfuter, ou d'arracher à la séduction quiconque en pourroit être victime. Je les supplie donc de suspendre leur jugement jusqu'à ce qu'ils soient convaincus de la vérité manifestée dans les preuves que je leur présente.

(1) APRÈS la guerre civile de la Martinique, de retour chez moi, je recevois chaque jour des avis sur ma position : tous m'invitoient à pourvoir à ma sûreté ; & voyant que les dispositions de mes ennemis se rapprochoient de leurs menaces, je fis pardevant Notaire & la Municipalité de ma Paroisse, les protestations de droit contre ceux qui me troubloient & m'éloignoient de mes affaires. Je fis également parapher cinq lettres, choisies dans un grand nombre, qui m'avertissoient du complot de mes ennemis : la suivante peut donner une idée des autres qui sont au dépôt indiqué, ainsi que l'acte de protestations.

Pointe-à-Pitre, 15 Juin 1791.

MON CHER MONSIEUR,

VOUS n'avez pas de tems à perdre; les mauvais desseins de vos ennemis vont être exécutés. Mettez promptement votre liberté à l'abri, ce sera le moyen peut - être de préserver votre vie. Leur animosité est au dernier degré; ils sont capables de tout pour se venger du protecteur de la régénération dans ces îles; ils offrent même une somme considérable à ceux qui vous livreront. Si vous ne pouvez pas partir tout de suite, au moins refugiez-vous à la Basse-Terre.

J'ai l'honneur d'être tout à vous, & de vous souhaiter le sort que vous méritez, & que vous trouverez dans l'heureuse France.

Signé P. C.

(2) EN arrivant dans la Colonie, je jugeai à propos de faire connoître nos principes & nos sentimens; je proposai à mes frères d'armes l'adresse suivante qu'ils approuvèrent, & qui fut répandue dans tous les quartiers de l'île.

Adresse des Volontaires - Confédérés de la Guadeloupe, aux Colons de la Martinique.

CHERS COMPATRIOTES,

VOS frères de la Guadeloupe, instruits du trouble qui vous divise, n'ont pu supporter tranquillement l'idée des malheurs qu'il peut entraîner; de grands intérêts doivent unir à jamais les Colonies françoises de cet archipel : ils ont trouvé dans nos cœurs les sentimens naturels qui nous lioient déjà ; & nous nous trouvons transportés au milieu de vous par la double impulsion d'une opinion salutaire à tous, & par le ressort qui honore le plus le cœur humain.

Nous sommes donc vos amis, nous sommes vos compatriotes, vos frères. Nous venons vous jurer que nous sommes à vous sous tous les rapports possibles, & que nous venons nous jeter entre ceux qui, parmi vous, voudroient soutenir, par les combats, des opinions que la raison seule doit discuter, & dont elle doit régler le choix.

Nous leur dirons que la régénération, loin d'avoir été troublée dans notre île, a été secourue par la sagesse de nos Administrateurs, & qu'elle s'y établit dans tous les quartiers avec l'applaudissement général : au moins ceux à qui elle coûte quelques privations, ont le bon esprit de ne point s'en plaindre ; nous prévoyons, avec confiance, le succès des décrets de notre Assemblée générale, par le desir que nous avons tous d'imiter la nation.

Nous leur dirons qu'il est non-seulement inutile, mais qu'il peut être funeste, de s'opposer ici à la révolution, lorsqu'elle a été couronnée en France par le Roi lui-même qui s'est déclaré le chef des patriotes. C'est donc jouir d'avance, que d'adopter ceux des décrets de l'Assemblée nationale qui peuvent convenir à notre existence colo-américaine, & diriger, sur ses principes connus & applicables à nos localités, le plan d'une constitution coloniale.

Nous leur dirons, enfin, que nous ne voulons approcher d'eux que l'olivier à la main, les douces paroles de paix, d'union & de concorde à la bouche, & tous les sentimens de la plus intime fraternité dans le cœur ; ils seront bientôt persuadés, nous l'espérons, de la sincérité de notre dé-

marche, Alors nos armes brilleront, & frappèront de terreur une classe d'hommes qui a osé s'armer contre des
citoyens, contre nos frères; qu'ils rentrent promptement dans
leur devoir; qu'ils témoignent le plus vif repentir d'avoir
suivi les perfides conseils d'un chef passager & extravagant
qui les a égarés, & dont la doctrine perverse les a rendu
ingrats envers leurs bienfaiteurs, & dès-lors très-coupables
envers la loi la plus essentielle de notre ordre politique.
Toute notre Colonie a été indignée de leur conduite; nous
attendons, à tout moment, deux mille confédérés qui nous
suivent, & notre projet est de châtier les insurgens de couleur qui manqueront à nos frères, & dont la conduite à
l'avenir ne se modélera pas sur celle des braves gens de leur
sorte qui n'ont pas voulu sortir des bornes de leur état.

Les Volontaires-confédérés de la Guadeloupe.

(3) ON ne sauroit accuser de partialité les Députés de la
Guadeloupe qui n'avoient d'autre intérêt que la gloire
de réussir dans une médiation à laquelle ils étoient ap-
pelés. Les extraits suivans prouvent qu'ils ont vu comme
nous.

*EXTRAIT des lettres écrites au Comité colonial de la Gua-
deloupe, par MM.* Claifontaine, Deshayes, Guillermin
*& Pierre Angeron, Députés, envoyés à la Martinique
par l'Assemblée coloniale de la Guadeloupe.*

Première lettre datée de Saint-Pierre Martinique, le 9 Avril.

MESSIEURS,

NOUS sommes arrivés, &c. &c. Il paroît que le foyer

de la dissention n'étoit pas chez M. de Viomenil lui-seul, & qu'elle est sortie de l'Assemblée coloniale, où l'amour-propre, & des intérêts particuliers heurtés par l'établissement de la Constitution & des Municipalités, jouent un grand rôle; il paroît qu'en effet, il y a eu des insurrections de gens libres & même d'esclaves dans certain quartier, excitées par ce qu'on appelle les *Aristocrates*, pour insulter aux patriotes, & menacer Saint-Pierre & les quartiers qui professent la Constitution.

Extrait de leur lettre du 12, écrite du Fort-Royal.

IL seroit trop long de vous prouver, par des faits, combien les opposans tiennent à l'ancien régime, par la haine des villes, par l'esprit milicien, par les intérêts personnels, par l'amour-propre, par des animosités particulières, enfin par tout ce qui peut diviser des hommes. Il paroît qu'effectivement ils se sont fait *une espèce de rempart de la classe des Mulâtres;* il paroît prouvé qu'en plusieurs occasions, ces gens ont marché, &c. &c. &c.

EXTRAIT *de la troisième lettre écrite de Saint-Pierre le 15 Avril 1790, à onze heures du matin.*

IL règne au Fort-Royal deux partis, celui d'une Assemblée qui me paroît mal organisée & illégale, qui n'a d'ailleurs qu'un Comité intermédiaire de six personnes, & dans laquelle plusieurs paroisses ne sont point représentées, ce parti est celui de l'aristocratie; le Régiment & les Mulâtres armés par-tout, le soutiennent : autrement il seroit nul. Il est bien singulier que le Fort-Royal soit le seul coin des Colonies où le régime ministériel montre encore son front. Observez bien, Messieurs, que ce n'est point le Gouvernement, mais le Comité qui paroît s'opposer à la régénération. Il est au Fort-Royal un autre parti, celui des patriotes, qui, d'abord, ont établi une Municipalité que les aristocrates ont détruite, & à laquelle ils en ont substitué une autre. Ces malheureux patriotes, dominés par deux forts & pressés par des bayonnettes de tous les côtés, sont obligés de garder un silence humiliant, & de courber la tête, tandis que par - tout ils la lèvent avec cette fierté qui caractérise l'homme libre.......

(4) *Extrait du rapport de MM.* Blin & Biguerisse, *Députés du Comité Municipal de la ville Basse - Terre, de leur mission à Saint-Pierre Martinique & au Fort-Royal.*

Tout ce que des médiateurs peuvent employer de conséquent & de sage, a été mis en usage par nous & nos collègues ; nous n'avons rien oublié de ce que les circonstances nous portoient à dire : *l'Assemblée a été inflexible, & n'a rien changé à son système d'ancien régime.* Nous avons fini par déployer vivement les malheurs que la rigueur de ces principes pouvoit entraîner ; nous leur avons fortement exprimé, *combien nous regardions impolitique,* l'armement des mulâtres contre les blancs, combien nous étions fondés à nous élever contre des principes qui ne tendoient à rien moins qu'à bouleverser tout l'Archipel.

(5) *Extrait de M.* de Salles, *Conseiller au Conseil supérieur de la Martinique, Président de la Chambre prévôtale établie pour prendre connoissance de l'affaire du 3 Juin ; la lettre est écrite au Procureur-Général de la même Cour : elle est datée du 7 Juin 1790, & l'original est déposé au Comité colonial.*

Je ne sais pas, mon cher confrère, &c. &c. ; & si je

n'étois occupé nuit & jour depuis Vendredi à cinq heures, à pérorer les uns, porter les autres à la modération, calmer enfin tous les esprits, & les porter à entendre en paix un jugement authentique, par une procédure bien suivie, & qui paroîtra au grand jour, pour manifester les complots des gens de couleur contre les blancs, dans la journée du Jeudi : tout l'annonce & le prouve ; mais il est malheureux que les plus coupables aient péri sur l'heure, ou, ils se sont enfuis ; mais le complot n'en restera pas moins authentique & prouvé. Il confondra à jamais les malheureux individus qui ont semé dans l'esprit de ces gens des idées qui leur ont mis le poignard à la main.

(8.) EXTRAIT des dispositions de l'Assemblée coloniale pour le siége de la ville de Saint-Pierre.

Si on refuse d'ouvrir la porte d'une maison dans laquelle un particulier désigné pour être arrêté, est logé ou retiré, elle sera enfoncée ; & s'il étoit tiré quelques coups de fusil, ou, jeté des pierres, toutes les personnes, en cas de résistance, seront traitées en ennemis déclarés, & fusillés.

RIEN ne prouve mieux les véritables motifs qui guidoient l'Assemblée coloniale contre les citoyens de Saint-Pierre, que la liste des prisonniers qu'elle avoit déjà dénommés & résolu de faire avant la marche de son armée.

Elle alloit, disoit-elle, rétablir l'ordre dans cette ville, & dissiper les troubles occasionnés par l'évènement du 3 Juin. Il y avoit sur cette liste fatale un riche Jouaillier nommé M. *Gontier*, parti depuis six semaines pour France ; elle avoit donc un projet hostile antérieur au 3 Juin, & chacun, dans cette armée, avoit nommé une victime selon l'impulsion de sa passion.

(7) EXTRAIT des Registres du Corps Municipal de la ville
Basse-Terre-Guadeloupe.

*AUJOURD'HUI, le premier Octobre 1790, le Corps
Municipal étant assemblé, &c. lecture a été faite d'un état
d'approvisionnement que M. Donets, Commissaire des Colonies, & Directeur de l'Administration de la Martinique,
est chargé de faire à la Dominique ou toutes îles étrangères,
par le Directoire & l'Assemblée coloniale, six cents fusils,
quatre mille pierres à fusil, cent tire-bourres, cinquante tour-
nevis, dix milliers de livres de balles du calibre desdits
fusils, & à défaut, vingt moules à balles, dix cuillers à
fondre le plomb, quinze milliers de poudre, un brick armé, &c. &c. &c.*

Au Gros-Morne, ce 18 Septembre 1790. Signés Le-
camus, Lemerle, Forrien, Gallet-Saint-Aurin, Grenon-
ville, Guignard, Dubuc de Rivery & Dubuc, fils, *Président.*

Cet état a été trouvé dans le bateau qui rapportoit
M. Donets à la Trinité, lorsqu'il fut fait prisonnier.

(8) *EXTRAIT de l'arrêté de deux Paroisses de la ville
Basse-Terre, l'an 1790 & le deuxième jour du mois de
Novembre, tous citoyens de cette ville rassemblés pour
délibérer sur la dénonciation portée contre moi par le
Directoire de la Martinique.*

La conduite que M. Dugommier a tenue depuis le com-
mencement de la révolution, constante & inébranlable,
malgré l'inimitié & la calomnie qui ont sans cesse lutté

contre

contre ses efforts, a excité tous les citoyens : en conséquence les deux paroisses ont pris, à l'unanimité, l'arrêté suivant :

LA ville de la Basse — Terre a appris avec autant d'amertume que d'étonnement, que l'Assemblée générale - coloniale avoit accueilli une dénonciation faite par le prétendu Directoire de la Martinique contre M. Coquille Dugommier. La ville de la Basse-Terre observe que M. Coquille Dugommier est parti avec toute la troupe & volontaires de cette ville ; & que c'est un effet de la confiance que ceux - ci ont eue en lui, s'il se trouve à leur tête ; qu'il est leur ouvrage, qu'ainsi il n'est pas plus digne de blâme qu'eux ; qu'au reste toutes ces démarches ont été mesurées & régulières ; qu'elles ont été faites en vertu de l'autorisation de la municipalité & d'un arrêté du comité général - colonial, sanctionné par le Gouverneur ; qu'elles ont été consacrées par *l'Assemblée générale - coloniale* qui a approuvé tout ce que son comité avoit fait ; & que ces démarches ont été dictées par le patriotisme le plus pur.

La ville de Basse - Terre expose qu'elle a vu avec douleur qu'au moment où l'Assemblée générale - coloniale a confirmé la députation faite par son comité pour concilier les deux partis divisés de la Martinique, elle ait bien voulu accueillir la plainte d'un de ces partis qui s'est même permis dans divers écrits de taxer de *brigands* tous les volontaires citoyens qui ont volé au secours de la ville de S.-Pierre menacée d'une horrible oppression.

La Basse - Terre déclare qu'elle attend avec respect le résultat aussi honorable que celle pour laquelle l'Assemblée générale - coloniale & le comité ont envoyé des députés :

E

mais quelque soit l'événement , elle déclare qu'elle n'entend point *séparer la cause* de celle de M. Coquille Dugommier , & de tous ceux qui l'ont accompagné ; qu'elle qu'elle proteste contre tout ce que l'Assemblée générale-coloniale entreprendroit à cet égard, se réservant d'exposer toute la conduite de cette affaire à l'auguste Assemblée nationale à qui seule appartient le droit d'en connoître ; se réservant particulièrement de se pourvoir tant contre les dénonciateurs que contre leurs adhérens.

Les deux paroisses arrêtent que l'arrêté qui vient d'être fait sera remis par leurs députés à l'Assemblée générale-coloniale, en l'équité de laquelle elles mettent la plus grande confiance.

Elles arrêtent en outre , que l'expédition du même arrêté sera incessâmment adressée à M. Coquille Dugommier, comme un hommage des sentimens qu'elles lui portent , & dont elles ne cesseront jamais d'être animées ; qu'une pareille expédition sera adressée à messieurs les Commissaires du Fort-Bourbon.

Les deux paroisses arrêtent en outre, que la Municipalité sera priée d'inviter les paroisses circonvoisines à envoyer leurs députés , & à les faire représenter complettement à l'Assemblée générale-coloniale, où l'on va traiter des objets les plus importans & les plus essentiels à la Colonie.

Et ont tous les citoyens signé avec le Président & le Secrétaire , au nombre de cent-vingt.

Collationné. *Signé* PATRIAT , *Président* , & BOVIS , *Secrétaire.*

ARTHUR RIGNAUT , *Secrétaire-Greffier de la Municipalité , Dépositaire des registres des Paroisses.*

MONSIEUR,

LA ville Basse-Terre a pris connoissance, dans son Assemblée des paroisses réunies, de votre lettre du 6 de ce mois ; elle est très - sensible aux sentimens que vous y exprimez. Il étoit de son équité de ne point séparer sa cause de la vôtre, pour en repousser les injustes inculpations du Directoire de la Martinique : aussi s'est-elle empressée de consacrer cet acte de justice par sa délibération du 2 Novembre dernier, dont elle a envoyé expédition à l'Assemblée générale coloniale de la Guadeloupe.

Ami fidèle de la Constitution, & ennemi de l'oppression, vous avez volé au secours de la ville de Saint-Pierre menacée par des légions d'esclaves armés ; vos conseils, votre courage & votre constance ont déjoué leurs desséins perfides. Vigoureusement soutenu par ces braves & généreux Volontaires, vos frères d'armes, vous avez garanti cette cité si importante, de la fureur de ceux qui avoient juré sa destruction totale.

Le commerce de la Métropole, les Antilles & l'Assemblée nationale vous payeront un jour le tribut civique que vous méritez. Redoublez donc de fermeté ; suivez votre zèle patriotique, & soyez certain que la nation françoise fixée aujourd'hui sur la cause des troubles de la Martinique, doit avoir expédié des forces suffisantes pour en imposer aux ennemis de la nouvelle Constitution, nécessiter à la paix les auteurs de la guerre civile, & assurer pour toujours nos propriétés dans ces Colonies.

Nous avons l'honneur d'être avec un sincère & inviolable attachement,

MONSIEUR,

Vos très-humbles & très-obéissans serviteurs les citoyens des deux paroisses de la ville Basse-Terre,

Amic, D. M. *Président de la paroisse du Mont-Carmel ;* G. Audiner, *Président de l'Assemblée de la paroisse de Saint François Basse-Terre ;* Nadaudesilet, *Secrétaire de la paroisse de Notre-Dame du Mont-Carmel ;* Delrieu, *Secrétaire de la paroisse de Saint François.*

Basse-Terre-Guadeloupe, le
26 Décembre 1790.

(9) *Voyez* le déclaration de M. Baugins, habitant de la Casse-Navire & d'autres citoyens qui furent attaqués par les mulâtres.

Voyez encore la déposition du détachement envoyé à leur secours, commandé par M. de Kergus, qui déclare que les mulâtres ont fait feu les premiers sur son détachement. C'étoit peu de jours après le premier de Septembre.

Ces pièces sont au dépôt ci-dessous désigné.

(10) *Voici* quelques articles de cette police qui doivent justifier l'armée & ceux qui la conduisoient.

ART. V. *Tous les biens & habitations sur lesquels l'armée*

pourra passer ou prendre repos , seront déclarés sous la sauve-
garde particulière & générale de l'armée ; en conséquence ,
tous soldats , officiers & sous-officiers de troupes de ligne ou
citoyennes , sont engagés à surveiller à ce qu'il ne se com-
mette aucun désordre , & à demander la punition des gens
mal-intentionnés qui pourroient s'être introduits dans l'ar-
mée.

ART. VIII. *Il est défendu de couper aucun arbre fruitier*
ni aucune haie formant les enclos.

L'armée qui avoit approuvé & juré d'observer cette police,
pouvoit-elle être accusée de brigandage ?

(11) EXTRAIT *d'une lettre de M. de Godin de Soter à*
M. Dubuc, *fils , Président de l'Assemblée coloniale de*
la Martinique séante au Fort-Royal, du 4 Juin 1790.

Phrase dernière :

IL *paroît que la commune opinion est qu'il faut, de*
force , conserver l'Assemblée.

Signé Godin de Soter.

EXTRAIT *d'une autre lettre du même à M.* Dubuc, *fils ;*
en date du 24 Juin 1790, où l'on voit que la force a été
employée contr'une délibération pour obtenir les suffrages ;
enfin le parti de Saint-Pierre vient d'expirer ici , & ce n'est
pas assurément faute des plus incroyables efforts. . . .
. . . .
mais j'avois le gain de la bataille dans la poche (a), & le
signal du combat a été celui de leur défaite ; pour la rendre

---

(a) Des pistolets.

E 3

plus complette, on leur a fait signer l'extrait mortuaire de leur parti.

Signé Godin de Soter.

On doit observer que M. Godin de Soter étoit Commandant d'une paroisse, par conséquent un des instrumens du pouvoir exécutif & de l'Assemblée coloniale ; ses lettres ne doivent pas être considérées comme celles d'un simple particulier qui raconte, mais comme celles d'un membre de la coalition a qui il rend compte de sa conduite ; si l'on avoit pu recueillir aussi les comptes rendus de tous ceux qui avoient coopéré, comme lui, au despotisme de l'Assemblée, on auroit la preuve générale des moyens criminels pour se maintenir. On peut voir les protestations des deux paroisses de Saint-Pierre, & celle de la paroisse du Carbert, contre l'illégalité de leurs assemblées primaires, tenues au milieu des bayonnettes, qui n'étoient pas faites pour obtenir un suffrage libre & conforme au vœu de la majorité. Ces pièces sont entre les mains du Rapporteur.

(12) C o p p e *de la lettre de* M. Laurent, *fils, écrite du Grand-Bourg-Marie-Galante, le* 23 *Novembre* 1750, *à* M. P . . . . . *Négociant à Saint-Pierre.*

M o n s i e u r   P . . . . ,

V o i l a la seconde lettre que j'ai l'honneur de vous écrire, depuis que je suis sorti des prisons du Gros-Morne, où j'ai resté quarante & quelques jours, dans ce monstre d'endroit entre la vie & la mort ; lorsque j'ai été fait prisonnier le 25 Septembre, l'on m'avoit fait passer entre deux colonnes de mulâtres pour me fufiller ; heureusement qu'il s'est trouvé un homme humain, (M. Godin de Soter) qui a obtenu ma grâce , & celle de 14 ou 15 de mes camarades qui devoient subir le même fort que moi. Après nous avoir conduits au Lamentin , ils nous ont passé la corde au col pour nous pendre ; ils nous ont conduits au Gros - Morne , sans souliers & sans chapeau , simplement que la chemise & la culote qu'ils nous ont laissées sur le corps; ils nous ont fait lier les bras derriere le dos , avec une si cruelle force que le sang nous sortoit du bout des doigts ; arrivés au Gros-Morne, l'on nous a enfermés dans une écurie avec une jambe passée entre deux planches ; ils nous ont donné pour toute nourriture , pendant notre détention , que deux onces de morue , une poignée de farine & de l'eau ; ils nous ont traités de brigands , de voleurs & d'assassins ; enfin il n'y a point d'atrocités qu'ils ne nous ayent fait éprouver. Etant dans ce triste lieu , je vous avois écrit que j'étois bien traité , mais ce sont ces monstres qui m'avoient obligé de le faire ; mais vous deviez bien vous en douter.

Je suis avec attachement.

Voyez la déclaration d'un soldat de la Guadeloupe, blessé & laissé pour mort sur la place ; il étoit un de ceux qui furent fusillés après le combat.

Extrait de la déclaration de M. Charles Martinot.

J'ai vu premièrement les prisonniers faits dans la sortie du 24 Septembre , pour réprimer les atrocités des gens de couleur , qui depuis quelque tems dévastoient les campagnes ; une partie fut rangée en fil, & fusillée par des mulâtres , par ordre de M. du Gué, chevalier de Saint-

Louis, leur chef. Nombre de prisonniers détenus à un fer nu , privé de toutes nourritures , battus , sabrés, bafoués par les blancs qui venoient les voir en triomphe , & sur-tout par ceux qui les gardoient, tels que les MM. Calabres & la Chapelle. On se plaisoit à les traîner d'un cachot dans l'autre pour les montrer aux négres & mulâtres, à la fureur desquels on les livroit par fois ; 2°. des vieillards arrachés des bras de leurs enfans, des habitans paisibles saisis dans leur foyers, traînés avec ignominie au Gros - Morne , & chemin faisant , au signal donné , fusillés : ils retournoient ensuite sur les habitations de ces victimes, mettoient nues leurs femmes, voloient tout ce qu'ils trouvoient dans la maison & l'incendioient après.

Autre extrait du même.

Je demandai à MM. G.... & D... R...., Commandant du bourg , si c'étoit lui qui avoit donné l'ordre de me conduire au Gros-Morne , » il me répondit que oui , que je n'avois été utile aux Colons de prendre leur parti & me F... de la Nation , du Roi ; qu'ils étoient à dix-huit cens lieues de la cap'tale , de ce repaire de brigands assemblés qui vouloient dicter des lois ; qu'eux ne de-voient obéir à personne , mais bien se faire respecter , obéir , dicter des lois , et les faire exécuter de gré ou de force , de marcher , sinon ma vie en répondoit.

Autre extrait de la même déclaration.

Tous les jours obligé d'aller chercher des vivres , je voyois ces furieux repousser à coup de crosse de fusil , de sabres non - seulement nous qui étions de service , mais tous les malheureux habitans qui venoient supplier d'avoir de quoi se substanter, parce qu'ils étoient patriotes : combien n'en est-il pas morts de faim ! J'observerai qu'il leur étoit expreſſément défendu, sous peine de mort, de recevoir des secours de Saint - Pierre ou du Fort - Royal ; de rien envoyer, l'auroit - on pu, puisque toutes les avenues étoient gardées par les esclaves ? Ma permiſſion me fut refusée, parce qu'ils avoient, disoient - ils, une sortie à faire, & que j'étois propre à détruire des brigands ; comme moi j'ignorai ce que cela vouloit dire, lorsqu'un officier qui se trouva présent, dit que l'on pouvoit m'en délivrer un, qu'on n'avoit pas besoin de moi ni des gens connus pour cette expédition ; qu'il y avoit deux dragons de commandés. Le Directoire fit réponse qu'il changoit d'avis, que pour tuer un brigand tel que Chataugué & bien d'autres de cette espèce, il ne falloit pas un piquet si nombreux : mais voilà une pareille affaire. On me délivra un permis en me disant : « vas, brigand, prends garde de parler ; bientôt ton tour viendra, nous en avons nombre d'autres dont il faut nous défaire.

Extrait de la déclaration de **M.** Fredin, *fait prisonnier à l'affaire du vingt-cinq.*

Après avoir exposé qu'il étoit employé dans les bureaux de la marine au moment de l'arrestation dont il embrasse avec enthousiasme la cause, après avoir démontré la préférence qu'il donnoit aux principes de la constitution françoise, il prend les armes pour la défendre, & se trouve dans l'affaire du 25. — Il dit : 25 citoyens qui avoient mis bas les armes, furent fusillés sur l'habitation le Vassor, par une compagnie de négres & mulâtres commandés par M. du Dugué, père. On fit beaucoup d'autres prisonniers , je fus du nombre. Excédés de coups de crosses de fusils , nous fûmes traînés tous nus dans les cachots , les fers aux pieds ; des gardiens impitoyables nous visitoient chaque jour pour nous assommer de coups de bâtons.

Sur la fin de Décembre 1790 , on amena le sieur Aumont - Caboteur , jeune homme de vingt-deux ans ; on le mit au cep à côté de moi , quoiqu'il eut le ventre ouvert d'un coup de sabre , & les intestins dehors : ce malheureux a passé , dans cette situation , douze heures de tems , sans recevoir aucun soulagement , & il est péri faute de secours ; son seul crime aux yeux de nos ennemis , étoit d'être au service de Saint - Pierre. Après une dure & longue captivité , nous avons été embarqués pour France , où nous devions trouver en arrivant le supplice que nous méritions , puisque la contre - révolution étoit faite. Nous avons été envoyés par la frégate l'Embuscade jusqu'au débouquement , prête de nous quitter & nous aborder en pleine nuit , avec le dessein de nous couler bas. A mon arrivée , j'ai appris que mon malheureux frère qui étoit venu de Saint - Christophe à la Martinique pour solliciter ma délivrance du sieur Damas , a été assassiné ; il laisse une femme & deux enfans dans la peine.

A Paris, ce 16 Janvier 1791 , signé FREDIN.

On trouvera au dépôt indiqué une suite de déclarations concernant la même affaire ; elles ont été faites en différens tems & en différens lieux , par des prisonniers , victimes ou témoins oculaires de leurs dires de leurs ennemis dont je ne présente qu'un abrégé pour épargner la sensibilité du lecteur. Ceux qui seront curieux de connoître tous les détails , pour-

ront s'adresser au Notaire à qui j'ai confié les originaux ; ils verront ce que la rage peut inventer de cruel pour tourmenter & déshonorer l'humanité.

EXTRAIT de la déclaration assermentée par M. Bonjour, Volontaire de la Pointe-à-Pître, & fait prisonnier dans l'affaire du 25.

JE vis le sieur Coutier, volontaire de la Basse-Terre, qui comme moi étoit blessé, nu & prisonnier, un négre & un mulâtre qui le conduisoit, l'avoit quitté pour assassiner un soldat auquel nous vîmes ouvrir l'estomac à coup de sabre, lui arracha le cœur, lui coupa le parties, & ensuite remplir toutes ces plaies de poudre & y mettre le feu : nous ne pûmes soutenir à tant d'horreurs ; nous avançâmes plus avant, & n'étions pas à dix pas, lorsqu'un petit mulâtre apporta l'ordre de M. Dugué, chevalier de Saint - Louis que je venois de quitter, de fusiller tous les prisonniers ; ces deux monstres dont je viens de parler qui venoient d'égorger ce soldat, s'avancèrent sur nous, & de moins de dix pas nous couchèrent en joue : le négre tira sur le sieur Coutier qu'il ne manqua pas, & il lui fit un trou dans l'estomac à y entrer le poignet, &c. &c. &c.

(13.) *COPIE de la lettre écrite à M. Damas par MM. les Confédérés de la Guadeloupe, Marie-Galante, Sainte-Lucie & Tabago.*

Saint-Pierre, premier Octobre 1790.

MONSIEUR LE GÉNÉRAL,

LES Volontaires-confédérés des îles voisines gémissent sur

la malheureuse situation de cette colonie, & voyant qu'elle empire de jour en jour, ils se sont rassemblés aujourd'hui premier Octobre, pour délibérer sur les moyens de ramener la paix. Avant tout, ils sont bien aises de vous apprendre, M. le Général, qu'ils étoient occupés le 24, sur l'ouverture que leur avoient faite les trois Députés du Gros-Morne, à établir des propositions pour une réconciliation générale; nous pouvons vous en attester la vérité sur ce qu'il y a de plus sacré. Nous remplissions donc alors, comme aujourd'hui, nos fonctions de conciliateurs, lorsqu'on apprit au Fort - Royal qu'un détachement sorti pour envoyer quelques bestiaux nécessaires à la garnison, avoit été surpris par une troupe de mulâtres; il fut promptement secouru par un plus fort détachement qui ne trouva sur le lieu de la scène que trois cadavres horriblement mutilés : c'étoit trois militaires du régiment de la Martinique. Ce spectacle d'horreur indigna bientôt toute la garnison; & dès le même soir, elle vouloit sortir pour venger les atrocités commises envers leurs camarades. On parvint avec peine à calmer l'effervescence, & ce ne fut qu'à condition de partir à quatre heures du matin.

Vous voyez donc, M. le Général, que cette sortie a été forcée par la circonstance. Le sort de la ville du Fort-Royal en dépendoit, & les chefs en répondoient sur leurs têtes. Nous fûmes alors obligés de suspendre nos fonctions de conciliateurs pour nous livrer à celles d'auxiliaires. Au milieu de cette crise, nous n'oubliâmes point la police nécessaire à l'armée. Le respect, pour les propriétés, en fut un des principaux articles; il a été observé religieusement, puisque l'on est rentré sans avoir brûlé une paille, ni fait aucun dégât dans la campagne. Les blancs doivent donc nous rendre la justice de croire que les hostilités n'étoient point dirigées contr'eux, mais bien contr'une classe d'hommes dont l'armement, dans une pareille occurrence, peut devenir fatal à toutes les Colonies, & cause déjà à celle-ci les plus grands maux. L'armée rencontra plusieurs embuscades, & les chefs profitèrent des premières difficultés pour la faire rentrer. Nous n'avons perdu, quoiqu'en dise votre proclamation, qu'environ vingt à vingt-cinq hommes, puisque nous savons aujourd'hui que plusieurs, pour avoir abandonné leurs drapeaux, ont été fait prisonniers. Vous devez penser, M. le Général, que si nous étions sortis en véritables ennemis des blancs, nous aurions eu une autre chance; abattant & brûlant tout ce qui auroit été devant nous, nous aurions vu les mulâtres en personne......... & c'est tout dire.

Mais laissons une affaire qui ne peut être un triomphe pour personne, puisque les uns retenus par un sentiment généreux, ne pouvoient déployer toute leur énergie, & que leur ennemis combattoient sans être vus. Nous reprenons en ce moment une négociation trop malheureusement abandonnée, & nous vous prions de communiquer à votre armée les mêmes propositions que nous rédigions avant le 25. Les voici :

1°. L'Assemblée coloniale sera suspendue jusqu'au jugement de l'Assemblée nationale ;

2°. Toutes les Municipalités seront également suspendues ; & pour y suppléer, il sera incessamment établi dans chaque Paroisse, à la majorité des suffrages libres de tous les votans, un conseil composé d'un certain nombre de membres, selon la population de la Paroisse ; ce conseil avisera selon sa prudence & sa sagesse, au maintien de la tranquillité & du bon ordre ; il aura le droit de requérir le pouvoir exécutif pour l'exécution de ses arrêtés, comme l'avoient les Municipalités ;

3°. S'il arrive, en attendant le jugement de l'Assemblée nationale, que quelqu'incident imprévu oblige de connoître le vœu général, le chef du pouvoir exécutif consultera chaque conseil particulier, & le vœu général sera déterminé par la majorité des suffrages recueillis de tous les conseils, qui formera l'arrêté nécessaire à la circonstance ;

4°. Les blancs armés rentreront paisiblement dans leurs foyers ; les mulâtres & nègres libres déposeront leurs armes dans un lieu désigné par le conseil de chaque Paroisse, & ils ne pourront les reprendre qu'à sa seule requisition ;

5°. Toute personne qui aura quitté son corps, pourra y rentrer avec son agrément ;

6°. L'administration des deniers royaux sera rendue aux Officiers préposés par le Roi ;

7°. Les Citoyens qui ont été détenus pendant trois mois dans les prisons, seront disculpés par un acte authentique qui annullera tout ce qui a été fait judiciairement ou autrement contr'eux, & ils rentreront dans le même état où ils étoient avant leur incarcération ;

8°. Il sera fait un état général des dommages causés par les troubles, & selon la valeur de l'estimation ; les Paroisses décideront si la Colonie, en prenant quelques termes, peut indemniser les perdans par une taxe proportionnelle ;

9°. Les forts seront gardés par les garnisons militaires & les gardes citoyennes, à l'instar des citadelles de France ;

Voilà, M. le Général, les propositions que nous avions préparées pour le retour de M. Bonneterre, Duhamelin & Lorancin qui nous avoient promis de se représenter avec des pouvoirs plus étendus pour traiter avec l'armée ; nous n'avons pas eu le tems de les communiquer au Fort-Bourbon & nous nous empressons de vous les faire parvenir, pour connoître par vous, si elles peuvent convenir aux Colons qui sont auprès de votre personne, afin d'entrer en négociation générale & avec votre armée & avec celle du Fort-Bourbon. Le traité définitif sera garanti par toutes les Colonies voisines qui se porteront contre les infracteurs ; enfin, M. le Général, notre desir le plus ardent, est de voir renaître une parfaite union parmi nos frères, & de voir encore, pour l'intérêt politique de toutes les Colonies, les gens de couleurs rentrer dans la soumission qu'ils doivent aux blancs & qu'il a été bien dangereux d'altérer.

Nous demandons, M. le Général, que, pendant la négociation entre les deux armées, tout acte respectif d'hostilité cesse & ne puisse nuire à la réconciliation par de nouveaux ressentimens. Nous sommes, &c. *Signés les Confédérés de la Guadeloupe, Marie-Galante, Sainte-Lucie & Tabago.*

(14) L'esclave appartenoit à madame Dert, épouse du Commandant de la garde nationale. Il y a plusieurs autres exemples des maîtres forcés de se défaire de leurs esclaves.

L'AN mil sept cent quatre-vingt-dix, & le 5 du mois d'Octobre, six heures de relevée, est comparu M. Dubois, Subrecargue du navire le Constant de Bordeaux, Capitaine Guichar, arrivé en cette rade le 27 du mois dernier, & de retour du camp du Gros-Morne hier, lequel n'a pu se présenter à nous du moment de son retour, à cause de ses fatigues & des mauvais traitemens qu'il a éprouvés durant son arrestation ; il s'est exprimé de la manière suivante qu'il a dictée aux Commissaires soussignés, nommés pour entendre sa déclaration.

Le samedi 2 Octobre 1790, je suis parti de Saint-Pierre dans un canot de port armé de 4 nègres, ayant avec moi 4 matelots, 2 pistolets, 5 fusils, mon épée & 2 malles ;

la brise étant très-forte, j'avois de la peine à gagner ;
à raison de ce que je fus forcé d'accoster un peu la terre ,
auprès de laquelle j'ai passé assez tranquillement jusqu'à une
anse que l'on appelle la Case - Navire, où étant à toute
la distance que le tems permettoit, j'ai été arrêté
par une quantité de négres & de mulâtres , armés, les
uns de fusils , les autres de bayonnettes & sabres, ayant
à leur disposition deux pirogues. Si-tôt mon arrivée à
terre (ce dont je ne pouvois me dispenser , courant les
plus grands risques) un négre avec sa mine barbare , est
accouru sur moi pour me donner un coup de bayonnette
sur l'estomac : je l'ai paré de ma main gauche à laquelle
j'ai été blessé ; un autre de la même bande de ces brigands ,
m'a porté le canon de son fusil armé à la bouche, &
avec une telle violence qu'il m'a cassé deux dents ; dans le
même moment j'ai reçu un coup de crosse sur la joue
droite, qui m'en a cassé une autre. Mes quatre matelots ont
aussi reçu beaucoup de coups , pendant qu'une partie de
ces esclaves foulevés par l'habitant , se permettoit d'exercer
sur nous toutes les horreurs dont ils sont capables ; une
autre partie étoit dans le canot à piller tous mes effets ;
mais comme la bande étoit en trop grand nombre pour
trouver à se satisfaire tous , ceux qui ne l'étoient pas se
jetèrent sur moi, me prirent cinq piastres - gourdes , ma
montre à chaîne d'or & mon chapeau ; & à mes gens ,
leurs souliers & boucles , n'ayant pas autre chose. Alors
ennuiés de nous accabler d'injures , ils nous dirent être
de concert avec les brigands de Saint - Pierre & du Fort-
Royal pour les détruire , & qu'il falloit nous tuer ; d'autres
dirent que non : qu'il falloit nous mener au camp pour
faire voir aux habitans blancs qui étoient leurs Commandans de poste, la bonne prise qu'ils avoient faite :

ce

Ce qui fut par eux décidé ; alors cinq de ces brigands, bien armés , se détachèrent pour me conduire au premier camp. Continuant toujours de diriger ma route vers le premier poste , nous avons passé sur une habitation, sur laquelle nous avons trouvé le propriétaire que j'ai reconnu pour n'être pas plus humain que les négres , & pour leur donner lui-même l'esprit de révolte , puisqu'il a ordonné aux siens de nous fusiller dans le moment , comme étant Bordelais et cause de leur désordre , en apportant chez eux l'habit d'uniforme national , & comme séditieux, ce dont nous avons été épargnés , grâce à une dame. Arrivé au Gros · Morne , l'on m'a présenté de suite à M. Damas , gissant dans son lit; il m'a paru être fâché de ce qui m'é-toit arrivé , disant que ce n'étoit point par ses ordres , & que l'on ne pouvoit plus contenir les gens de couleur , m'ajoutant que sa santé ne lui permettoit plus de veiller sur rien.

Tous ces écrits finis le sieur Dubuc m'a proposé de porter ma cargaison à Sainte-Lucie , pour, là , l'échanger contre des denrées coloniales qu'il s'offroit de me fournir à la faveur de deux corsaires que le camp armoit.

Comptant sans doute sur la promesse que j'avois faite, l'on m'a donné une escorte pour me conduire, contre le vœu de M. Gallet de S. Aurin qui vouloit absolument que nous fussions retenus, disant que c'étoit faire une sottise de nous renvoyer , attendu que nous étions Bordelois , & que nous augmentions la bande des brigands. Heureusement que son avis n'a pas prévalu , & que l'on nous a renvoyés escortés jusqu'au Lamentin , éprouvant toujours les mêmes traitemens & les mêmes humiliations que le jour de notre arrivée au camp.

Arrivant au bourg du Lamentin , j'ai trouvé plu-

F

sieurs canons braqués & gardéspar une bande de négres &
de mulâtres ; dans le bourg , j'ai entendu plusieurs habitans qui se félicitoient d'avoir tué & massacré quelques
blancs , assurant par les sermens les plus sacrés , que
personne ne seroit plus mené au camp , & que du moment que l'on arrêteroit quelqu'un , il seroit tué.

Ces hommes inhumains disoient librement leur façon
de penser devant leurs vils esclaves qui approuvoient devant moi ce serment aussi féroce que leurs maîtres ; le
lendemain je suis parti avec une bande d'esclaves , & j'ai
laissé , Dieu merci , ces lieux qui m'ont paru n'être ha-
bités que par des gens souillés des plus grands crimes ,
pour m'approcher de la ville du Fort - Royal , où j'ai
connu des mœurs bien opposées. » Ce qui est tout ce
que le comparant nous a dicté & a signé avec nous.

Signé Jean Dubois , Déposant.

Naverre & Villegegu Commissaires qui ont reçu la
déposition.

(16) *Procès-verbal de la députation des Capitaines du
Commerce , à bord du vaisseau du Roi* la Ferme , *Capitaine M.* de Riviere.

Nous soussignés , capitaines de navires du Commerce ,
députés par notre corps à bord du vaisseau du roi *la Ferme* ,
capitaine M. *de Riviere* , que nous avons joints à l'ouvert de la baie du Fort-Royal , aux Anses d'Arlets , lequel nous a hélés sur les sept heures un quart du soir , ce
jour 18 Novembre 1790 ; nous a demandé d'où nous venions : nous lui avons répondu : de Saint-Pierre , où nous

allions : aussi à bord du vaisseau *la Ferme* ; aussi-tôt nous a crié avec précipitation, *au large* ; nous lui avons dit : nous sommes tous capitaines députés , parlant au nom du commerce de France & demandant audience au Commandant , lequel nous a dit , que d'ordre de M. Damas il ne recevoit aucune députation ; nous lui avons réitéré que nous demandions audience au nom du commerce ; alors il nous a donné ordre de prendre la panne au bord opposé , qu'il nous alloit envoyer son canot. Nous avons exécuté ses ordres & attendu son canot qui est venu armé , & sous le commandement d'un lieutenant de vaisseau qui nous a dit être lieutenant en pied , M. Sinson de Préclerc & un sous-lieutenant, ayant deux pistolets à sa ceinture. Le lieutenant a monté à bord avec M. de Préclerc ; nous leur avons dit que nous venions , au nom du commerce, demander protection au vaisseau & communiquer avec M. de Riviere , d'ordre de M. Damas : nous avons insisté ; ils nous ont dit que tout leur étoit suspect : nous leur avons répondu que le commerce n'avoit jamais été suspect , & que nous ne demandions que ce qui lui étoit dû , *protection.* La conversation a été chaude , & se voyant embarrassé , a donné ordre au canot de racoster. Alors, le canot le long du bord , nous leur avons dit : M. Damas ne peut rien , il a pleuré lui-même devant nous , nous disant qu'il n'étoit pas maître ; qu'il sollicitoit lui-même quand il vouloit obtenir quelque chose , & que nous insistions à communiquer avec le Commandant ; qu'il étoit envoyé de France pour être le protecteur du commerce & non le destructeur ; que nous étions François & non ennemis. Sur nos sollicitations pressantes , il nous a menacé de nous couler ; nous lui avons répondu que c'étoit ce que nous attendions , & qu'il pouvoit le faire s'il s'y croyoit autorisé; que nous insistions à parler au Commandant ou à avoir un refus par écrit. Il s'en est retourné à son bord & nous avons attendu qu'il ait fait feu sur nous. Après avoir fait son rapport au Commandant, il nous a envoyé ordre par la goëlette *la Bigotte*, de prendre le même bord que le vaisseau, laquelle nous a fait différentes menaces de nous couler, si nous ne faisions pas arriver la goëlette aussi promptement qu'ils le desiroient : alors nous avons fait manœuvre pour nous ranger sous le vent du vaisseau & avons continué son même bord jusqu'à la Case-Navire, qui a reviré de bord & nous a donné ordre de revirer aussi, en nous menaçant de nous couler bas ; *la Bigotte* nous a toujours tenus à portée de voix, & nous a même commandé notre manœuvre en nous faisant des menaces. Au bout de la bordée, le Commandant nous a donné ordre de revirer & d'arriver tout plat, ou bien qu'il alloit nous couler & nous a récidivé ses menaces, & *la Bigotte* les a encore faites plus vives. Nous avons arrivé, & arrêté après conseil, de tenir en panne toute la nuit hors la portée du vaisseau & de *la Bigotte*, avec intention de tenter, au jour, à communiquer & à lui remettre les paquets qu'ils avoient déjà refusés. Toute la nuit nous avons fait la panne, tantôt sur un bord, tantôt sur l'autre. A quatre heures du matin, nous avons fait servir & avons louvoyé pour rejoindre le vaisseau : au lever du soleil nous avons hissé pavillon blanc & nos pavillons de province & parlementaires. Après quelques bords, nous avons joint le vaisseau sur les sept heures & demie, & il a fait feu sur nous à boulet ; alors nous avons tenu conseil & nous sommes décidés à abandonner notre mission & à retourner à Saint-Pierre.

En mer, à l'ouvert de la baie du Fort-Royal, à bord

de la goëlette la Sophie, *capitaine* Despujeaux, *l'un des Députés, le* 19 *Novembre* 1790.

Signés, MM. Beloncle, Duval, Joly, *Capitaines Normands*; Guerin, Lécuyer, Bataille, *Capitaines Normands, Commandans pour Bordeaux*; Grissac, *pour Bordeaux*; Despujeaux, *pour Bayonne*; Labatut, *pour Dunkerque*; Zingue, *pour Marseille*.

(17) COPIE d'une lettre trouvée sur un nègre venant de la Case-Navire, & arrêté au poste de la Baterie-Sainte-Marthe.

Case-Navire, le 3 Mars 1791.

Mon cher ami, je ne puis répondre amplement à votre dernière; mais je suis bien charmé du récit que vous me faites de Saint-Pierre, & sur-tout de la mésintelligence qui règne dans la troupe & parmi vos milices. Je desire que cela puisse augmenter de jour en jour; le Dugommier est donc fâché de tout ce qu'il a fait pour votre ville : il doit partir par les lettres qu'il a reçues, dites vous; cela fera bien notre affaire bonne, & nous en profiterons de suite. Les armes qu'on a trouvées à bord du bâtiment de M. Paret, serviroient de suite à fondre, aussi-tôt son départ, six cents fusils de plus, font l'armement de deux colonnes pour frapper le grand coup auparavant l'arrivée des troupes, on saura bien mettre les Commissaires de notre parti : nos Messieurs sont prévenus, & sauront se faire croire avec confiance; l'argent ne manque point : voilà un grand point qui entrera dans notre politique pour tout prévenir à notre faveur. Dubuc & d'autres font des discours qui seront frappans aux yeux des Commissaires & du Général. Ton mulâtre se porte bien. Voilà bien des jours que je n'ai point vu Joseph & Pierre. J'apprends, dans le moment, qu'ils sont au réduit ; écris si tu es en peine d'eux ; tâches de m'envoyer Auguste avec les pièces dont tu me parle ; je suis pressé ; j'aurois soin de t'écrire par le retour d'Auguste.

Suis ton Ami, sans nulle réserve.

On voit, par cette lettre, que quelques traîtres nourris parmi nous, se plaisoient à faire de faux rapports à nos ennemis pour les exciter à l'attaque de la ville. Je ne me suis jamais repenti de m'y être trouvé ; je regrette seulement de n'avoir pas été aussi utile aux frères patriotes qu'elle renfermoit dans son sein.

(18) On peut voir, par les pièces originales remises au dépôt indiqué, que la loi autorisoit ces sorties, & que je n'ai jamais pris sur moi de reprendre de mon chef aucune troupe dans les campagnes, comme le Directoire me le reproche.

En voici la preuve.

Ordre de M. *de Mollerat,* Commandant pour le Roi à Saint-Pierre.

D'après la requisition du Conseil de ville de Saint-Pierre, en date du 18 Octobre 1790, de donner une commission à MM Dugommier & Vauchot pour la classe des nègres marrons, dont les environs de Saint-Pierre sont inondés, & qui commettent tous les jours des désordres & des dévastations dont il est intéressant d'arrêter le cours, Nous, Major, Commandant à Saint-Pierre, autorisons MM. Du-

gommier & Vauchot, *en vertu de la requisition du Conseil de ville de Saint-Pierre, de lever un Corps de Volontaires qui n'excédera point deux cents hommes, à l'effet de réprimer les brigandages des esclaves insurgens, &c. &c. &c.*

A Saint-Pierre, ce 18 Octobre 1790.

Signé MOLLERAT.

IL est aussi douloureux de se voir transporter au-delà du but que l'on vouloit atteindre, que de s'entendre reprocher le mouvement qui vous en a éloigné malgré vous. En arrivant au Fort-Royal, j'écrivis à M. Damas la lettre suivante :

MONSIEUR LE GÉNÉRAL, je suis dans cette colonie : je m'y suis porté avec 300 volontaires con-fédérés de la Guadeloupe , & 250 militaires du régiment de la Guadeloupe , auxquels se sont réunis 12 artilleurs. Les troubles qui désolent & qui exposent l'île aux plus grands malheurs, n'ont pu suspendre un seul moment notre zèle patriotique, à venir offrir tous les secours possibles pour rétablir la paix, & nous opposer aux désordres des esclaves que pourroit favoriser la dissention parmi les blancs. Je dois à ma conscience, M. le Général, & à l'intérêt que je dois prendre aux planteurs, de vous avertir, afin qu'ils le sachent par vous, que la plus grande effervescence régne dans notre armée ; elle montre une vive animosité contreles mulâtres, & paroît décidée à venger les blancs qu'ils ont humiliés. Je vous supplie donc , M. le Général , d'employer votre influence dans l'armée

du Gros-Morne , pour la porter à éviter des sorties dont les effets ne peuvent être que très-funestes
& déplorables pour tout le monde. En mon particulier, je fais non-seulement des vœux pour le retour de l'harmonie entre nos frères : mais encore
je ne cesserai de porter les esprits à la modération
& au respect des propriétés.

Je suis , &c.

J'exprimois , avec sincérité , les sentimens dont
j'étois pénétré , & rien ne le pouve mieux que ma
conduite ultérieure : ils sont consignés dans la déclaration du Fort-Royal , *page* 19 de ce mémoire ,
dans l'adresse des citoyens de Saint - Pierre , dans
toutes les autres adresses , & enfin dans l'opinion de
ceux à qui j'ai pu être utile , soit dans leurs personnes , soit dans leurs propriétés pendant le tems
de la guerre civile. Par quelle fatalité faut - il donc
que dans une révolution il soit impossible d'être
juste envers ceux qui l'embrassent & qui se conduisent avec raison & humanité ? Loin de les calomnier , loin de les décrier , on devroit se féliciter de la confiance que leur parti leur donne , puisqu'ils sont dans le cas d'arrêter les désordres qui
entraînent les plus grands maux. M. Damas ou plu-

tôt l'Assemblée coloniale a publié que ma lettre étoit une dérision qui devoit plûtôt indigner les planteurs que de les disposer favorablement. . . . Et j'étois planteur moi-même ! et les signatures des adresses prouvent que tous les planteurs de nos îles ne pensoient pas comme l'Assemblée & son général.

J'ai long-tems balancé si je ferois imprimer à la fin de mon mémoire, les adresses que j'ai reçues après la guerre civile de la Martinique. Les ennemis que j'y ai combattus & ceux qu'ils m'ont faits dans les autres parties de nos Colonies, sont si subtils à tordre mes intentions, comme à dégrader mes sentimens que j'ai pensé souvent qu'il falloit leur ôter cette nouvelle occasion de calomnier. Une autre réflexion m'embarrassoit. Les signatures très-nombreuses, proportionnément à la population blanche de nos îles, pouvoient compromettre les signataires renfermés, en ce moment, dans le cercle où nos adversaires dominent; mais, cédant enfin à la nécessité de prouver aujourd'hui que les grands principes de la constitution ont, dans nos contrées, au moins autant de partisans que de détracteurs, je n'ai plus hé-

sité à publier les Adresses, & à taire les signatures.
Je supplie ceux qui auroient intérêt à n'en pas
douter, de les vérifier au dépôt des pièces originales
qui démontrent évidemment que la révolution a
eu au-delà des mers, le même caractère qu'en
France. Deux partis bien connus ont lutté & lutte-
ront long-tems ensemble. J'ai suivi mon penchant,
& j'ai embrassé le patriotisme. Le parti opposé
devoit donc me déchirer dans ses dénonciations,
dans ses gazettes. Le patriote devoit m'exalter.
Voilà la mesure des injures & des louanges. Je ne
retiens de ces dernières que ce qui peut honorer un
adorateur de la Constitution françoise.

ADRESSE

Des Commissaires de commerce, les Négo-
cians & citoyens de la ville de Saint-
Pierre - Martinique , les planteurs y
réfugiés & les Capitaines de Navires
du commerce de France , au Conseil géné-
ral de la Commune de la Basseterre.

Messieurs,

Le père du peuple , le défenseur de la liberté ;
le sauveur de notre ville si long tems infortunée,
M. Coquille Dugomier , dont le nom ne peut
être prononcé sans attendrissement , va reporter ,
dans sa patrie , sa gloire & ses vertus ; il n'échap-
peroit pas à nos embrassemens , si nous n'étions
certains qu'il trouvera , au sein de sa famille , le
repos dont nos cruelles agitations l'ont privé ,
& que parmi des concitoyens , il comptera ses
amis comme il pouvoit compter ici ses enfans ,
par le nombre des français qui y respirent.

Vous connoissez, MM. , le décret de l'Assem-

A

blée nationale dont l'exécution eſt confiée aux quatre commissaires qui sont au milieu de nous; il établit en loi les propositions que nous avions chargé les médiateurs de votre colonie de présenter au directoire; nous avions prévenu les vœux des pères de la patrie, & lorſque la paix nous est apportée en leur nom, c'eſt dans les termes mêmes dans lesquels nous l'avions offerte.

Le jour de la juſtice eſt donc venu; les repréſentans de la nation vont lire au fond de nos cœurs; ils verront qu'au milieu de tant de convulſions, nous n'avons pensé, agi, combattu, que pour cette constitution dont les bienfaits ne s'étendoient pas encore ſur nous.

Que la calomnie brise ses traits empoiſonnés ! que M. Dugomier jouiſſe aux yeux de tout l'empire français, du triomphe qui lui est assuré; il ne nous parloit qu'au nom de la loi; c'étoit elle qui, par votre voix, l'avoit appelé à la tête de vos braves volontaires, dans nos foyers; c'étoit en son nom qu'il savoit calmer les esprits inquiets, appaiser les ressentimens particuliers, ramener tout le monde au ſeul objet du bien public; elle l'animoit lorsqu'il repouſſoit, au milieu des combats, les hordes acharnées à notre deſtruction; le dirigeoit, lorsque dans les conseils, il faiſoit entendre l'éloquence du cœur & du sentiment; il puisoit, en elle, cette chaleur féconde qui nous a consolés dans les revers , qui nous a fait dévorer tous les travaux auxquels nous étions réduits pour nous mettre & nous maintenir en défense ; qui , enfin , nous a conservés jusqu'au jour où nous avons pu remettre aux commissaires du roi , le soin de nos propriétés & de nos personnes.

Ah ! Messieurs ! dans ce moment même où les citoyens tourmentés encore de la crise qu'ils viennent d'éprouver , n'osent se livrer entierement à la joie , où on a peine à croire qu'on puisse goûter les douceurs de la paix après les désastres de la guerre ; dans ce moment même , M. Dugommier nous soutient & nous ranime ; habitans de la ville , planteurs réfugiés , françois , nous lui devons un éternel tribut de reconnoissance ; elle ne pourra jamais égaler , ni les sacrifices auxquels il s'est voué , ni les bienfaits que nous avons reçus de lui , mais la constitution françoise brillera dans les colonies ; elle détruira l'espoir des ennemis , qui , en l'écartant de ces contrées , vouloient l'anéantir en France , & le nom de M. Dugommier sera inscrit dans les noms célèbres , chers à la patrie , des français qui ont consommé la plus heureuse révolution.

A Saint - Pierre-Martinique , le 23 Mars 1791.

Suivent les signatures & l'approbation de la Municipalité.

A 2

ADRESSE des habitans, planteurs & domiciliés dans l'île de Marie-Galante, à M. Coquille-Dugomier.

Monsieur,

Lorsque tous les vrais patriotes s'empressent de rendre hommage à vos vertus civiques & à vos talens militaires, les bons citoyens de cette colonie veulent aussi mêler leurs voix à celle des volontaires, compagnons de vos fatigues & témoins de votre gloire. Ils voient en vous, nonseulement le libérateur de la ville de Saint Pierre, mais encore celui de toutes les Antilles que vous avez sauvées des malheurs prêts à fondre sur elles.

Combien de fois n'ont-ils pas eu l'occasion d'admirer les sentimens d'humanité & la grandeur d'âme qui ont accompagné votre conduite dans l'honorable mission dont vous étiez chargé, & que vous avez si glorieusement remplie ?

Laissez siffler les serpens de l'envie ; c'est le sort des héros d'être persécutés : mais la véritable gloire, celle que vous avez si justement méritée, ne peut souffrir d'atteinte. Nous remplirons cet Archipel, la France, l'Univers entier de cette vérité. Forcés de convenir de la pureté de vos intentions, vos ennemis mêmes rendront justice aux motifs qui vous ont animé; ils se joindront à nous, abjurant leur erreur, pour reconnoître le prix des services que vous avez rendus à la Patrie. Pour nous, accoutumés à vous admirer, nous serons toujours prêts à vous donner des marques de la haute estime que vous nous inspirez, & de votre éternelle reconnoissance.

Marie-Galante, ce 3 Avril 1791.

Suivent les signatures des Habitans des trois Paroisses de cette Isle.

ADRESSE des Citoyens de la ville de Castries à M. Coquille - Dugomier, Commandant les Troupes citoyennes de Saint-Pierre.

MONSIEUR,

LES Citoyens-Patriotes de la ville de Castries n'ont pas vu sans admiration la conduite que vous avez tenue, soit comme Membre de l'Assemblée Coloniale de la Guadéloupe, soit comme Militaire-Citoyen dans la même île; nous avons remarqué le vif empressement avec lequel vous vous êtes porté au secours d'une ville qui renferme dans son sein une grande population de Citoyens honnêtes & vertueux, qui méritent le titre de défenseurs des intérêts de la mere-patrie, qui, au milieu des orages, ont, par leur constance & leur fermeté, conservé le germe du commerce de la Métropole dans cet Archipel, & par qui les principes de notre généreuse régénération ont été respectés dans toute leur étendue.

La réduction de la ville de Saint-Pierre, de cette cité infortunée dont vous partagez les sollicitudes & les dangers, eût été le signe fatal de celle du Fort-Royal, & eût préparé indubitablement à toutes les Colonies le sort le plus funeste. C'est au milieu des calamités, & environné de toutes les horreurs d'une guerre civile que vous vous êtes, Monsieur, montré le généreux défenseur de tant de victimes sacrifiées au plus étrange aveuglement, & dont vous avez soutenu & défendu la vie & les intérêts avec autant de sagesse que de courage.

Aussi n'avons - nous pas vu sans attendrissement, ce témoignage de reconnoissance si mérité, dans le récit de l'accueil gracieux & distingué que Mademoiselle Dugomier a reçu des Patriotes de la Basse-Terre, à son retour d'Europe. Nous ne sommes pas à portée, Monsieur, d'offrir à votre cœur paternel un hommage qui, pour être indirect, n'en est pas moins vrai ni moins sincere; & quoique nous venions les derniers vous manifester les sentimens que votre patriotisme, votre courage & votre fermeté au milieu des persécutions, vous ont mérités, nous nous flattons que cet hommage que nous rendons aux vertus dont vous êtes doué, sera reçu comme un tribut de reconnoissance qui vous est dû, qui ne peut être exprimé autant qu'il est senti; & nous desirons que les ennemis du bien public, qui se sont acharnés à calomnier vos intentions & votre conduite, soient forcés d'avouer en silence, que c'est moins un hommage flatteur que nous vous rendons, que la justice qui vous est due. Recevez donc, Monsieur, cette expression de nos cœurs, avec autant de satisfaction que nous en éprouvons nous-mêmes à vous la transmettre.

A Castries Saint-Lucie, le 11 *Février* 1791.

Suivent les signatures des Citoyens & des Membres de la Municipalité.

A 4

ADRESSE des Citoyens du quartier de la Souffriere Sainte-Lucie, à M. Coquille-Dugomier, Commandant les Troupes citoyennes de Saint-Pierre-Martinique, du 13 Mars 1791.

Monsieur,

JADIS la renommée empruntoit le langage de la fiction & de l'adulation pour peindre les vertus des hommes qui n'en eurent jamais : les citoyens du quartier de la Souffriere n'emploieront que celui de la vérité, pour célébrer les vôtres.

Tandis que toutes les presses abondent d'écrits éloquens & sublimes ; lorsque toute la France admire votre civisme, que nous reste-t-il à dire ? si ce n'est que vous êtes le modèle de la sagesse & de la prudence, la terreur de l'aristocratie & le héros de la liberté françoise dans cet Archipel.

Les Citoyens de la Souffriere savent beaucoup mieux sentir que s'exprimer ; & en ajoutant que votre conduite est au-dessus de tous les éloges, c'est rendre hommage aux qualités dont vous êtes si heureusement doué.

Ce portrait est sans doute d'après nature ; vos vertus ont guidé notre pinceau ; votre patriostime en a formé l'ensemble, & la couronne civique qui vous est réservée, en relevera l'éclat : en le voyant, qui pourroit vous méconnoître ?

Malgié les trames de vos ennemis, qui nous sont connues, malgré les vains efforts & tous les moyens qu'ils mettent en usage pour couvrir leurs atrocités, la vérité paroîtra dans tout son jour, & il ne restera pour partage que la honte, la confusion & une réprobation générale.

Puisse la Parque inhumaine prolonger le fil de vos jours pour votre triomphe & notre bonheur.

Recevez donc, Monsieur, cet hommage sincere des Citoyens de la Souffriere ; c'est bien moins eux qui vous le rendent, que vos bienfaits qui vous l'ont mérité.

Nous avons l'honneur d'être avec les sentimens les plus inviolables ,

    Monsieur ,

        Vos très-humbles & très - obéissans serviteurs.

Suit la signature des Citoyens.

RÉFUTATION par les Citoyens de la Pointe-à-Pitre, Guadeloupe, de la Dénonciation de divers Colons, à MM. les Commissaires du Roi, contre M. Coquille Dugomier.

LES Citoyens soussignés ont appris, avec douleur, la Dénonciation faite, contre M. Coquille Dugomier, à l'Assemblée Coloniale, le 31 Mars 1781, où il est inculpé d'incendiaire, de suborneur de Troupes, & d'avoir projeté de venir, à la Pointe-à-Pitre, en convoi de beaucoup de monde.

Nous déclarons reconnoître M. Coquille Dugomier pour un homme tranquille, ami de la paix, parfait honnête homme, pénétré du bien public & un François régénéré, que ses opinions, dans l'Assemblée générale Coloniale, lui ont mérité la confiance de tous ceux qui l'ont entendu ; que ses démarches au secours de la Martinique ont été légales & avouées du Corps Colonial, de la Municipalité, & sanctionnées par le Gouvernement ; sans la sagesse & la vigilance avec laquelle M. Dugomier a usé des forces que la confiance seule a soumis à son commandement ; la Martinique & toutes les autres Colonies Françoises du

Vent, auroient éprouvé des plus grands malheurs qu'il a su arrêter.

Qu'en aucun cas M. Dugomier n'a fait des discours incendiaires, suborné les Troupes, ni projeté aucune démarche hostile contre la Pointe à Pitre, ni aucun autre endroit ; que les Citoyens de cette Ville n'ont éprouvé de dépérissement que lorsque les Habitans sont descendus armés en équipage de guerre ; que nous connoissons M. Dugomier pénétré d'un saint respect pour les Décrets de la Nation, la Loi & le Roi.

En foi de quoi nous avons signé le présent, avec des sentimens que la vérité dicte, à la conscience des Hommes justes & sans passion, pour être déposé chez un Notaire, & expédition envoyée à Messieurs les Commissaires de la Nation.

Suivent les signatures des Citoyens de la Pointe à Pitre & des lieux circonvoisins.

ADRESSE des Habitans de Saint-Joſeph, Paroisse de la Guadeloupe.

Respectable & Brave Compatriote.

Les Citoyens actifs de la Paroisse de S. Joseph des Vieux-Habitans, s'empressent de réunir leurs vœux à ceux de tous les amis de la révolution, & de vous adresser leurs sinceres félicitations sur

(12)

les dangers auxquels vous êtes échappé ; il ne falloit pas moins que votre courage, votre prudence, votre fermeté, pour mettre nos malheureux Freres de la Martinique à l'abri des desseins sanguinaires des hordes cruelles dont ils étoient environnés. . . . . .

Votre prévoyance dans des circonstances aussi critiques ne peut que vous mériter la reconnoissance & le dévouement entier de tous ceux qui savent bien apprécier les vertus & les talens, par une conduite aussi sage que modérée. Oui, respectable & brave Compatriote, c'est à votre génie tutélaire que les Antilles devront leur salut : la mere-patrie non moins reconnoissante s'empressera de vous démontrer sa gratitude ; c'est avec ces sentimens que nous nous souscrivons avec la plus haute vénération.

Respectable & Brave Compatriote ,
    Vos sinceres & dévoués Freres.

Suivent les signatures.

ADRESSE de la Paroisse de Sainte-Rose Guadeloupe, le 6 Juin 1791.

Monsieur,

Les Citoyens patriotes de Sainte-Rose informés de votre prochain départ pour France, nous ont chargés de vous faire une adresse ; nous exprimerions mal les sentimens que leur a inspirés pour vous tout ce que vous avez fait pour la malheureuse ville de Saint-Pierre ; personne, dans le monde, n'ignore que votre bravoure, votre prudence l'ont préservée de sa destruction totale qu'avoient jurée les soutiens du despotisme retranchés à la Martinique ; non, Monsieur, on n'oubliera jamais que c'est par le sacrifice de votre repos, de votre fortune, & en exposant vos jours, que vous êtes parvenu à conserver à la Nation une Ville jadis florissante, menacée pendant sept mois du fer & de la flamme, dont les ennemis de notre régénération avoient armé les gens de couleurs libres & les négres esclaves.

Il est douloureux de penser que des actions aussi grandes vous ayent fait des ennemis parmi vos compatriotes ; mais, Messieurs, vous savez mieux que personne que le feu sacré du patriotisme n'échauffa que peu de cœurs dans ces contrées où l'égoïsme seul a toujours dicté les démarches des individus.

C'est l'ordinaire des grandes ames de faire des envieux ; vos actions vous en ont fait de tous les riches, qui, sans espoir désormais de parvenir aux honneurs qu'ils obtenoient par la faveur des Chefs sous l'ancien régime, n'ont pas l'énergie pour s'en rendre dignes par une noble conduite sous le nouveau.

Partez , Monsieur, allez confondre , à la face de la Nation , les ennemis de la ville de Saint-Pierre & les vôtres ; vous reviendrez triomphant, & les Amis de la Constitution , les vrais patriotes, vous reverront avec d'autant plus de satisfaction , qu'ils partageront votre triomphe.

Nous sommes avec le dévouement le plus parfait & la plus haute considération,

MONSIEUR,

> Vos très-humbles & très-affectionnés Serviteurs & Freres , pour les Amis de la Constitution & Patriotes de Sainte-Rose.

Les Membres de la Municipalité de Sainte-Rofe.

ADRESSE des Citoyens de la Paroisse du Lamentin, soussignés, patriotes & amis de la Constitution françoise, à M. Coquille-Dugomier, ci-devant député de la Paroisse des Trois-Rivieres à l'Assemblée générale Coloniale, & commandant les Volontaires de ladite île à Saint-Pierre-Martinique.

MONSIEUR,

LES circonstances où nous nous sommes trouvés, nous ont forcés de ralentir pour un tems & même de vous taire l'éloge que mérite votre patriotisme ; un jour serein nous permet la satisfaction la plus douce, celle de rendre justice & à vos vertus militaires & à la conduite sage & prudente qui ne vous ont jamais abandonné dans les secours heureux que vous avez donnés à l'infortunée ville de Saint-Pierre : recevez le juste tribut de notre reconnoissance ; qu'il eſt foible ce tribut, lorsqu'il est offert à un héros de la liberté françoise : partez, Monsieur, partez pour France ; l'Assemblée nationale vous verra, vous rendra la

justice qui vous est due, vous confondrez vos ennemis & vos envieux, nous vous verrons triomphant, & votre gloire sera la nôtre.

Nous sommes avec la considération la plus dis-
tinguée,

Monsieur,

Vos très-humbles & très-obéissans serviteurs.

Suivent les signatures.

Guadeloupe au Lamentin, ce 25 Mai 1791.

---

*ADRESSE de la partie Françoise de
Saint-Martin.*

MONSIEUR,

Nous apprenons, dans le moment, par
M. Carle-Romain, que vous êtes sur votre départ
pour France; persuadés que votre amour pour la
patrie, glorieusement & heureusement régénérée,
est la cause de ce voyage, permettez - nous de
vous faire agréer les vœux que nous formons à
cet égard en votre faveur, & de vous offrir les
témoignages de notre reconnoissance pour les
vertus patriotiques que vous avez si généreusement
développées dans toutes les circonstances de la

ADRESSE présentée par la très - grande majorité de la Paroisse des Trois - Rivières, île Guadeloupe, à M. COQUILLE DUGOMMIER, Citoyen de la même Paroisse, ancien Membre de l'Assemblée Coloniale, Chevalier de l'Ordre Royal & Militaire de Saint-Louis, & Commandant des Volontaires-confédérés qui ont porté leur secours dans l'île Martinique.

Monsieur,

DAIGNEZ agréer les hommages, les adieux & les vœux que la sincérité & la reconnoissance osent vous offrir par cette adresse, comme au protecteur de l'innocence opprimée, & à l'ami de l'humanité & de la régénération françoise dans les Iles du vent.

Le despotisme tyrannique, secondé par l'orgueil, la perfidie & les forfaits, armé du cimeterre ensanglanté de la vengeance & du dépit, se disposoit à faire main-basse sur tout individu, qui ayant le cœur vraiment François, osoit lever les yeux au Ciel, & porter ses regards vers la liberté naissante de sa chère Patrie. Tout honnête Citoyen étoit en danger; le trouble, la crainte, l'épouvante & le désespoir réunis à Saint-Pierre, commençoient à étendre leurs crêpes noirs sur toutes les Iles voisines, menacées du pareil malheur; lorsque votre présence, vos conseils & votre

* A 7

bras ont mis en fuite tous ces monstres vomis par l'Enfer irrité, pour tout détruire & tout anéantir.

Honteux & furieux de leurs défaites, quels torrens d'injures, d'imprécations & de malédictions, leur rage impuissante n'a-t-elle pas vomis, & ne vomit-elle pas encore contre vous, illustre Dugommier!

Ah! je vous interpelle, véritable François! homme sage, homme juste de tous les pays; fut-il jamais des plus douces bénédictions? fut-il jamais un plus grand éloge?

Que l'envie, que la calomnie & la méchanceté continuent donc à vous inculper & à vous noircir, vous n'en paroîtrez que plus innocent, plus juste, plus pur & plus grand!

Partez donc, s'il le faut; quittez un archipel rempli de votre nom, de vos exploits & de votre gloire; allez vous montrer aux yeux clairvoyans d'une auguste assemblée, dont les lumières & la sagesse tiennent en suspens l'univers entier étonné de la grandeur, & de la majesté de leurs merveilleux travaux.

C'est elle qui, par une récompense proportionnée, rendra à votre dévouement, à vos vertus & à votre mérite, l'éclat, la justice & le rang qui leur sont dus à tant de justes titres.

Oubliez, en partant, & vos ennemis & leurs persécutions. Non, faites plus; pensez à eux, & peu satisfait de gémir sur leur aveuglement, & de les plaindre, intercédez pour eux auprès des dignes Représentans de la Nation la plus auguste. Cette conduite seule est digne de vous.

Suivent les signatures des Citoyens & de la Municipalité.

régénération. Nous sollicitons la grâce de vous offrir dans ce moment & pour toujours nos services; disposez de nous & partez.

. M. COQUILLE-DUGOMIER.

Nous avons l'honneur d'être avec les sentimens que vous nous avez infpirés,

Monsieur & cher frere,

> Vos très - humbles & très-affectionnés freres & serviteurs,

Les Officiers Municipaux pour la partie Françoife de Saint-Martin.

Saint-Martin, partie françoife, le 28 Avril 1791.

ADRESSE de la Paroisse du Vieux-Fort Guadeloupe, à M. Coquille Dugomier.

Nous, Habitans de la Paroisse de Saint-Albert, quartier du Vieux-Fort-Lolive de l'île Guadeloupe, rassemblés ce jour, à l'issue de la Grand-Messe, en présense de MM. les Maire & Officiers municipaux de ladite Paroisse, avons chargé notre

Chef d'armes de vouloir bien prier MM. les Maire & Officiers municipaux de mettre en notre nom leur adhésion au présent.

Que M. Coquille - Dugomier étoit sur son départ pour France ; & voulant, d'une voix unanime, prouver à ce respectable défenseur des droits de l'homme, que c'est avec chagrin que nous voyons s'éloigner de nos contrées l'homme citoyen, ce protecteur de la révolution ; enfin notre frere d'armes, & que la cause qu'il va défendre en France, est la nôtre, comme celle de tout honnête Citoyen & Colon ; que nous espérons de la justice de l'Assemblée nationale, qu'elle nous le renverra triomphant de tous ses ennemis & des nôtres, entendant, par le présent, faire cause commune avec lui, comme ayant toujours été persuadés des intentions vraiement patriotiques dont toute la Paroisse sera toujours pénétrée.

Vieux-Fort-Lolive, 8 *Mai* 1791.

Pour adhésion des Citoyens présens, le Maire.

Pour adhésion de tous les Habitans, *J.-M.*, Officier municipal.

Pour adhésion de tout homme portant armes, Le. . . . Chef d'armes.

DÉCLARATION de MM. les Officiers Municipaux adjoints de la Municipalité du Fort-Royal-Martinique, les Commissaires réunis de quatorze Paroisses de cette île, le Commandant & les Officiers de la Garde nationale du Fort-Royal, concernant M. Coquille-Dugomier.

Nous, Officiers municipaux adjoints à la Municipalité du Fort-Royal, Commissaires réunis de quatorze Paroisses de cette île, Commandant & Officiers de la Garde nationale du Fort - Royal, voulant rendre à M. Coquille-Dugomier, Commandant des Volontaires confédérés de l'île Guadeloupe, l'hommage authentique qui est dû à ses vertus, à son ardent patriotisme, à son zèle toujours renaissant pour le triomphe de la révolution, bien certains que les calomnies atroces inventées contre lui par les ennemis du bien public, ne peuvent en imposer à aucun homme juste, mais desirant les confondre hautement par des faits,

Déclarons à tous les François, que M. Coquille-Dugomier, qui, dans la fatale journée du 25 Septembre dernier, commandoit une partie de l'armée blanche patriotique, y étoit sous les ordres de

M. Chabrol, Colonel du régiment de la Martinique, qui avoit librement accepté le commandement général de nos forces ;

Que ce qui précipita la sortie de cette armée,
fut le spectacle affreux qu'eurent nos troupes, le
24, de trois soldats tués, mutilés, déchirés par les
mulâtres, & dont les cadavres exposés sur le chemin, demandoient vengeance au ciel & à la terre ;

Que le but unique de l'armée étant de forcer les
oppresseurs de la Colonie à abjurer leur système de
vexations, elle eut le plus grand respect pour les
propriétés, & que la loi expresse lui en fut faite
par la police qui fut lue, & à laquelle elle se soumit
avant de partir ;

Que M. Coquille - Dugomier, intrépide dans
l'action, ferme & inébranlable dans le revers, donna
encore à la suite de cette journée l'exemple du plus
parfait dévouement à la chose publique, lorsqu'il
s'élança, avec un courage héroïque, au milieu de
ceux qui, entraînés par une fureur aveugle, bri-
soient quelques maisons de la ville, & qu'il parvint, malgré les dangers, à leur rendre le calme &
la raison.

Depuis cette époque, il s'est attaché, avec les
braves confédérés qu'il commande, à la défense de
la ville de Saint-Pierre. Il a multiplié ses efforts,
comme il l'avoit fait avant, pour parvenir à la
conciliation, & chaque jour il acquiert de nouveaux

droits à la reconnoissance des Patriotes : puissent tant de travaux être couronnés par le succès qui leur est dû, par l'établissement invariable de la constitution dans cette infortunée Colonie! puisse la nation voir dans ce respectable citoyen, le véritable défenseur de ses droits, l'homme sans lequel nous serions peut-être retombés sous le fer des ennemis de la nation.

Suivent les signatures.

Au Fort-Royal, le 3 Décembre 1791.

ADRESSE à M. Coquille Dugomier, Défenseur de la ville de Saint - Pierre-Martinique ; & sauveur (par contre-coup) de toutes les Isles Françoises du Vent de l'Amérique.

Par les véritables Citoyens Patriotes de l'Isle Basse-Terre Guadeloupe.

MONSIEUR,

S'IL est vrai que les grandes douleurs soient toujours muettes ; il ne l'est pas moins que les joies sublimes le sont aussi. Nous avons éprouvé ce dernier sentiment le 19 de Mars dernier, époque heureuse de votre retour en cette rade : tous les cœurs vraiement généreux & bien faits, voloient au-devant de vous à votre débarquement : un cri général d'allégresse s'est fait seul entendre en votre faveur, & sembloit articuler que vous êtes mille fois plus glorieux d'avoir sauvé une Ville entiere du sort funeste qui la menaçoit, que si, cédant à l'ardeur bouillante des troupes de lignes & des braves Volontaires combinés qui vous avoient choisis pour leur Chef, vous aviez précipité sur les bords de l'Achéron une multitude considérable des ennemis de la nouvelle Constitution, ci-devant nos concitoyens, nos compatriotes & nos freres ; qui peuvent encore le devenir, s'il plaît à l'Eternel, qui tient en ses mains les cœurs de tous les frêles humains, de changer les leurs & de dessiller leurs yeux, jusqu'à présent obscurs, sur leurs véritables intérêts.

Nous avons vu & lu, avec admiration, les sentimens de la reconnoissance des Citoyens de tout âge & de tout sexe qui peuplent la ville de Saint-Pierre ; ils paroissent contenus dans ce peu de mots, *unus homo nobis cunctando restituit rem.* Que pourrions - nous ajouter à cet éloge ? Vivez heureux, brave, estimable & aimable FABIUS ; Partez, volez dans les bras, dans le sein des respectables Membres qui composent l'auguste Sénat de la Nation Françoise; ces vrais peres conscrits sauront vous apprécier & rendre toute la justice due au vrai patriotisme qui vous anime : ne sont-ils pas secondés dans leurs vues vraiement sages & bienfaisantes, pour le plus humain, le plus auguste & le plus chéri de tous les monarques ? Il ne peut y avoir pour vous de plus grands ni de plus solides sujets d'encouragement.

Nous n'allongerons pas cette adresse par un récit fastueux de faits, ni par des éloges & un encens que votre modestie désavoue sans doute, quoique justement mérités : assez de plumes savantes & véridiques traceront aux yeux de la France & des autres nations étonnées, le tableau frappant des complots inouis, des trames odieuses & de tous les desseins iniques & pervers, imaginés & enfantés par l'hydre affreux du despotisme, dont votre prudence nous ont préservés jusqu'à ce jour.

Nous n'entendons vous offrir ici que les sentimens de notre reconnoissance éternelle; les monumens en seront transcrits dans nos archives : & comme ces pieces peuvent dépérir, ils subsisteront dans les cœurs de nos arrieres-neveux, parce que nos enfans les suceront avec le lait.

Nous desirons que la mere-patrie en soit imbue, & qu'elle reconnoisse que si ses Colonies sont fécondes en vice, il y germe aussi quelques vertus.

Tels sont les sentimens sans fard & très-sinceres avec lesquels nous faisons gloire d'être & de nous dire,

MONSIEUR,

Vos très - humbles, très-obéissans & très-zélés serviteurs.

Suivent les signatures.

Ceux qui voudroient vérifier l'authenticité des Pieces ci-dessus, sont avertis qu'elles sont déposées, & qu'elles resteront déposées, pendant six mois, chez M. Lemire, Notaire, rue des Déchargeurs, à Paris.

De l'Impr. de TESTU, Successeur de la Veuve d'Houry, *rue Hautefeuille*, N°. 14.